KB164804

상처를
넘어설
용기

상처를 넘어설 용기

1판 1쇄 발행 2015년 6월 10일
1판 3쇄 발행 2018년 3월 20일

지은이 나영채
펴낸이 이윤규
펴낸곳 유아이북스
출판등록 2012년 4월 2일
주소 서울시 용산구 효창원로 64길 6
전화 (02) 704-2521
팩스 (02) 715-3536
이메일 uibooks@uibooks.co.kr

ISBN 978-89-98156-41-1 03180
값 14,000원

* 이 도서의 국립중앙도서관 출판시도서목록(CIP)은 서지정보유통지원시스템 홈페이지(http://seoji.nl.go.kr)와 국가
  자료공동목록시스템(http://www.nl.go.kr/kolisnet)에서 이용하실 수 있습니다. (CIP 제어번호 : 2015013885)

내면아이의
꿈을 찾는
셀프힐링노트

상처를 넘어설 용기

나영채 지음

진짜 내 인생을 살고 싶은 당신을 위한 책

당신은 상처, 그 이상의 존재다

유아이북스

당신은 상처 그 이상의 존재다

얼마 전, 7년간 써 온 차를 폐차시켰다. 후련할 줄 알았는데 막상 그 차와 이별한다고 생각하니 기분이 썩 좋지 않았다. 그동안 차에 대해 고마운 마음을 갖지 않고 부품들을 제때 갈아 주지 않아서 고장이 나지 않았나 싶어 처음으로 미안한 마음이 들었다.

그러고 보니 나도 차와 별반 다를 게 없었다. 그저 목적지를 향해 40년 가까이 앞만 보면서 달리다가 퍼져버린 나의 모습이 폐기 처분된 내 차와 닮았다는 생각이 들었다. 살아가는 기쁨이 없이 하루하루 견디고 있는 나 자신을 보게 된 것이다.

살다 보면 피하고 싶은 고통이 찾아온다. 태산처럼 크든 모래알처럼 작든, 그것을 맞이해야 하는 사람은 쓰라리고 아프다. 나에게 처음 수면 장애가 찾아왔을 때, 어떻게든 빨리 피하고만 싶었다. 하지만 시간이 지날수록 블랙홀에 갇힌 듯 희망은 보이지 않고 점점 나락으로 떨어져 내렸다.

어느 날, '왜 나에게 이런 일이 닥친 걸까?' 나 자신에게 끈질기게 물었다. 그러자 어린 시절 외면했던 기억들이 떠오르면서 슬픔이 차올랐다. 그때서야 나는 뭔가 해답이 내 안에 있을 거라 짐작했다. 그동안 나자신이 어떤 것을 잘하면 칭찬해 주고, 성과가 없으면 책망을 하며 살아왔기에 힘들어 하는 나 자신을 어떻게 대해야 할지 몰랐다. 육체와 정신이 아프기 시작하면서 우울함, 외로움, 불안 등이 쓰나미처럼 밀려왔지만, 그때마다 나는 괜찮은 척하면서 그것들을 꼭꼭 숨겼다.

이후로 나는 건강해지기 위해 심리 치유 관련 책들을 읽고 워크숍들을 찾아다녔다. 그냥 아는 정도로 끝나는 게 아니라 하루라도 빨리 좋아지기 위해 이해한 것은 즉시 실천했다. 부정적인 먹구름 같은 생각들을 걷어내려면 싫지만 일단 먼저 마음에 새겨진 스티커 같은 상처들을 들여다봐야만 했다. 그 과정들을 겪는 것이 만만치 않았다. 포기하고 싶을 때도 많았지만 내면아이 치유를 통해 내면아이의 존재를 느끼면서 처음으로 내가 좋아졌다. 당시 나에게 내면아이란 존재는 먹구름을 소멸시켜 준 무지개였다.

슬프고 외로웠던 나의 내면아이는 오래 전 헤어진 엄마를 한없이 원망하고 있었지만, 동시에 사랑과 용서를 간절히 원했다. 마음에 잔뜩 끼어 있는 곰팡이 같은 '과거'의 기억들은 내면아이 치유라는 햇빛을 쬐어주자, 맑은 날 잘 말려 둔 이불처럼 뽀송뽀송해졌다. 나는 상처 받은 과거의 기억을 수용하고 나를 있는 그대로 사랑하게 되었다. 이제 나는 예전의 건강을 되찾고 행복해졌다. 그리고 내 삶의 전환점이 된 내면아이 치유의 힘을 사람들과 행복하게 나누고 있다.

누구나 나처럼 자신의 상처를 보게 되는 계기가 있다. 보통, 상처는 보기 싫고 겪기 싫은 통증이나 불편함으로 온다. 내가 만약 잠 못 자는 고통을 겪지 않았다면 솔직히 내 상처에 대해 지금보다 무관심하게 살아왔을 것이다. 상처를 누가 볼까 봐 부끄럽게 여기고 불편한 감정을 싸매는 것이 안전하다고 믿었을 터이므로.

백일 때 겪은 엄마와의 이별로 인해 성장기 동안 불안했던 나의 어린 시절. 상처로 인해 안전을 중요시했던 나는 꿈이 없는 삶이 오히려 안전하게 느껴졌다. 그러나 원인 모를 불안이 닥쳐왔을 때 '안전'은 나에게 그냥 대책 없이 견디라고만 했다. 안전이라는 삶의 테두리는 도전과 열정이 주 양식인 꿈을 향한 삶과는 거리가 멀다. 하지만 안전함이 행복이라고 믿으면서 어릴 때부터 꿈이라는 목표를 향해서만 살았다면 좀 더 빨리 성공을 할 수 있었을지는 모르지만 지금처럼 꿈이 중요하다는 것을 절실히 체감하기는 어려웠을 것이다.

내비게이션이 없던 시절, 초행길을 직접 운전해서 가는 건 두려움 그 자체였다. 꿈이 없는 삶은 이처럼 내비게이션 없는 초행길과 같다. 하지만 지금은 모르는 길도 내비게이션의 안내로 걱정 없이 운전해서 갈 수 있다. 꿈이 있기에 과거보다 지금이, 미래보다 현재에 심장이 떨리고 감사함을 느낀다. 더 감사한 것은, 꿈이 없던 그간의 인생이 낭비

가 아니라 꿈을 향해 오르는 인생의 계단이었음을 알게 되었다는 사실
이다.

상처로 얼룩졌던 마음의 커튼을 활짝 여니 주변의 세상이 달라보였
다. 하고 싶은 것들이 많아지고 내가 진짜 원하는 꿈이 뭘까 생각하는
마음의 여유도 생겼다. 과거의 나는 "꿈이 뭐예요?"라는 질문에 답하기
가 제일 곤란했다. 그 질문을 들으면 이상하게 시선이 아래로 내려가고
어깨가 축 처졌다. 지독히 가난했던 부모님이 원망스럽고 부끄러움, 열
등감 같은 게 느껴졌다.

어느 날, 초등학생 아들로부터 문득 꿈이 뭐냐는 질문을 받았을 때,
숨겨져 있던 나의 어릴 적 꿈이 튀어나왔다. 아들은 자신의 꿈이 영화
감독이라고 하면서 이런 얘기를 했다.

"영화를 보고 나처럼 감동받은 사람들이 많았으면 좋겠어. 영화를
보면 눈물도 날 것 같고 웃기도 하고 슬프기도 하고 신기해. 내 영화를
보면서 불쌍한 사람들이 위로가 되었으면 좋겠어."

아들의 말을 듣는 순간 찡하는 울림이 느껴졌다. 그 순간 내가 글 쓰
는 것과 누군가의 이야기를 듣고 공감하는 일을 좋아한다는 사실을 떠
올렸다. 그래서 아들에게 이렇게 말했다.

"응, 엄마는 글을 쓰고 싶어. 석이 꿈처럼 힘든 사람들을 위로해 주
고, 그 사람들이 더 행복해질 수 있도록 희망을 주고 싶단다."

누구나 잘하고 좋아하는 일이 한 가지는 있다. 자신의 강점을 팍팍

드러내어 꿈과 연결시키면 다른 어떤 사람과도 비교할 수 없는 내가 된다. 그리고 나를 돕고 세상을 도울 수 있는 길이 생긴다. 내면아이 치유와 강점을 찾는 일을 통해 다른 사람들을 도와주게 되면서 나는 비로소 나다워졌다. 이 중요한 사실을 항상 느끼며 살고 싶다.

이 책은 심리 치유에 관한 이론서가 아니다. 자기 자신에 대해 무관심했던 한 사람이 자신을 사랑하는 마음이 얼마나 중요한 것인지 알게 된 과정과, 내면아이 치유를 통해 언 상처를 녹이게 되면 어떤 행복한 변화를 겪게 되는지, 꿈이 내 삶에 어떤 전환점이 되는지를 중심으로 쓰려고 노력했다. 힘겨운 상황에서 나를 억지로 일으키는 게 아니라, 그럼에도 불구하고 나를 수용하고 사랑하는 작은 계기가 되길 소망하며 이 책을 썼다. 누구에게나 놀라운 잠재력과 강점이 반드시 한 가지는 있다. 어두운 터널을 천천히 빠져나오면서 내가 깨달은 것은 단 한 가지이다. 세상에서 하나뿐인 '나'는 상처 그 이상의 존재이다.

2015년 5월
나영채

목 차

머리말 ··· 004

제1장 끌어가는 삶을 살 것인가, 끌려가는 삶을 살 것인가

과거와 이별하면 현재가 보인다 ···························· 012
세상을 속일 수는 있어도 나를 속일 수는 없다 ············ 019
고통 없는 달콤함은 없다 ································· 026
꿈이 없는 청춘은 날개를 접은 새와 같다 ················· 033
실패가 두려운 청춘은 청춘이 아니다 ····················· 039
열등감에 끌려 다니지 말라 ······························ 047
청춘은 가능성 그 자체이다 ······························ 053
걸림돌을 디딤돌로 만들어라 ····························· 059
끌림과 떨림이 있는 삶을 살라 ···························· 065
5년 후의 삶, 지금의 내가 결정한다 ······················· 071

제2장 인생이란 내가 만들어가는 드라마다

과거는 나를 지배하지 못한다 ···························· 080
방황은 더 나은 삶을 위한 몸부림이다 ···················· 085
습관이 나를 만든다 ···································· 092
공부가 연애보다 더 달콤하다 ···························· 098
꿈이 있는 사람은 남의 눈치를 보지 않는다 ··············· 105
내가 변하는 순간, 세상은 나를 응원한다 ················· 112
역경을 기회로 삼아라 ··································· 119
직업을 천직으로 만드는 법 ······························ 124
'NO'를 거꾸로 쓰면 'ON'이 된다 ························· 131
머뭇거리지 말고, 무조건 실행하라 ······················· 137

제3장 과거는 눈물겹지만 미래는 눈부시다

내면아이 치유 메신저의 꿈을 이루다 ··············· 144

당신은 상처 그 이상의 존재이다 ··············· 150

이미 이룬 것처럼 생각하고 기록하라 ··············· 156

모든 경험은 축복이다 ··············· 164

상처는 피하는 게 아니라 안아주는 것이다 ··············· 171

바꾸거나, 떠나거나, 사랑하라 ··············· 178

나를 살린 첫 단추, 웃음 ··············· 185

지금, 감사 렌즈로 삶의 초점을 바꾸라 ··············· 193

마음 통장을 체크하라 ··············· 199

누구보다 더 나를 사랑하라 ··············· 206

제4장 이제 진짜 '내 인생'을 살라

꿈을 이루는 위시 리스트를 만들어라 ··············· 214

잠자고 있는 잠재력을 깨워라 ··············· 222

행복을 미루지 말라 ··············· 229

원하는 일에 집중력을 발휘하라 ··············· 236

돈보다 운을 저축하라 ··············· 242

나는 내 생각보다 훨씬 위대한 사람이다 ··············· 250

두려움을 버리고 큰 자존감을 가져라 ··············· 257

하루 10분 마음 주인 되기 ··············· 264

숯이 아닌, 다이아몬드 같은 인생을 살라 ··············· 271

제1장

끌어가는 삶을 살 것인가,
끌려가는 삶을 살 것인가

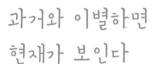

과거와 이별하면 현재가 보인다

초등학교 시절, 나는 방학 때마다 큰고모 집에서 지냈다. 태어난 지 백일 만에 부모님이 이혼을 하셔서 일곱 살 때까지 할머니와 함께 고모 집에서 살았던 나는, 초등학교에 입학하면서 새엄마와 아빠랑 같이 살게 된 새로운 환경에 잘 적응하지 못했다. 아빠였지만 낯선 아저씨처럼 느껴졌고, 엄마라고 부르긴 했지만 새엄마와 눈을 마주치지 못하고 겨우 억지로 엄마라고 불렀다. 결국 방학이 되면, 나는 도망치듯이 부산 범일동에 있는 큰고모 집으로 가버렸다. 친척 형제들 중에서 나는 한 살 위 사촌언니와 특별히 친하게 지냈는데, 우리는 방학 때마다 큰고모 집에서 만나 놀곤 했다.

며칠 놀다가 집에 가야 할 날이 오면, 나는 언니랑 헤어지는 게 너무 서운했다. 그래서 그때마다 언니에게 떼를 쓰곤 했다.

"언니야, 좀 있다가 가면 안 되나? 좀 더 놀다가 가자."

그렇게 말하면 언니는 보통

"안 된다. 집에 가야 한다. 담에 또 보자."

하고 딱 잘라 말했다. 어린 나는 그런 언니의 반응에 몹시 서운했다. 새엄마와 아빠랑 같이 사는 낯선 환경에 적응해야 했던 나는 친구들을 사귀는 것도 싫고, 언니가 유일한 친구였기 때문이다.

그때 내가 이상하게 생각되었던 것은, 나는 언니랑 정말 헤어지기 싫고 눈물이 나는 걸 억지로 참는데 언니는 웃으면서 집에 가는 것이었다. '내가 비정상인가?' 나는 한동안 그렇게 골똘히 생각한 적도 있었다. 그만큼 이별은 어린 나에게 버거운 과제였다.

내가 가장 참기 힘든 이별의 기억은 할머니의 죽음이었다. 나를 무한한 사랑으로 지켜주고 감싸 주시던 할머니가 돌아가신 것은, 사춘기 시절 크나큰 충격이었다. '이제 내 편은 없다'는 생각에 너무 무섭고 불안했다. 어미 없이 자라는 손녀를 사랑으로 키우며 한 많은 삶을 사셨던 할머니는 3년 동안 치매로 고생을 하시다가 하늘나라로 떠나셨다. 할머니가 떠나실 때 눈을 감으시던 모습이 아직도 기억에 생생하다. 그때부터 이별은 조금씩 나에게 무거운 짐으로 다가왔다.

성인이 되어 연애를 통해 만남과 이별을 거듭하면서 '나는 이별을 참 무서워하는 사람이구나' 하고 느꼈다. 그래서 연애를 하다가 나중에 이별을 하는 게 두려워, 어느 날 갑자기 생트집을 잡고 헤어지는 방식으로 만남을 종결했다. 그러면 상대방은 심하게 화를 냈고, 왜 내가 그런 행동을 보이는지 어이없어 했다. 내가 썼던 꼼수는, 상대방이 화를 내면 그를 미워하게 되고, 그러면 슬픔보다는 미움 때문에 그가 덜 그리워지도록 하는 것이었다. 당시에는 그게 최선의 방법이라 생각했지만, 시간이 흐를수록 후회와 상대방에 대한 미안함이 커져 갔다.

내면아이 치유를 하고 나서, 나는 이별에 대한 나의 두려움이 생후 백일 만에 엄마와 헤어진 사건이 핵심이 되었다는 사실을 알게 되었다. 뜻밖의 이별에 직면했던 유아기의 심리적 불안으로 인해 어른이 되어서도 이별에 예민한 반응을 보이게 되었던 것이다. 그런 내 상처의 뿌리를 알고 내면아이의 상처를 어루만져 주고 나니 꼬인 매듭이 풀렸다.

데이비드 스몰, 사라 스튜어트 부부의 《리디아의 정원》은 이별을 다룬 성장 동화이다. 주인공 리디아는 가정 형편이 어려워져 당분간 외삼촌 댁에서 지내야만 했다. 무뚝뚝한 외삼촌은 리디아와 함께 살면서 점차 다정다감한 사람으로 변해 간다. 리디아도 외삼촌의 빵집에서 빵을 만들고 가족과 떨어져 지내는 생활에 익숙해진다. 아빠가 취직했다는 소식이 오자, 외삼촌은 커다란 케이크를 준비해 리디아와의 이별을 준비한다. 마침내 떠나는 날, 기차역 플랫폼에서 외삼촌과 리디아는 꼭 껴안고 작별 인사를 한다.

이 책의 내용 중, 이별의 슬픔 안에서 또 다른 기쁨을 볼 수 있었던 것이 인상적이었다. 만남과 이별은 동전의 양면과 같다. 모든 관계에서 이별은 만남과 연결되어 있다. 만약 내가 20대 시절에 이런 사실을 미리 깨달았다면, 사랑도 두려움 없이 힘껏 하고 무서웠던 이별의 운명은 쿨하게 받아들였을 것이다.

내면아이 치유를 하기 위해 문을 두드리기 전, 내담자들은 대부분 다음과 같은 고민을 한다.

첫째, 내가 과연 떠올리기 싫은 과거의 일을 이야기해서 무슨 도움이 될까?

둘째, 이런 걸 털어놓아도 비밀이 보장될까?

그런 고민에도 불구하고 내담자들은 결국 치유를 하겠다는 마음의 승리로 상담을 하게 된다. 나는 이 과정을 거쳐 상담을 결심하기까지 상당히 혼란스러웠을 내담자들에게 마음속으로 진심 어린 박수를 보낸다. 왜냐하면 나도 그런 과정을 겪었고, 그 과정에서 '굳이 내면아이 치유라는 것을 해서 속을 들쑤실 필요가 있을까?'라는 의문을 가졌기 때문이다.

하지만 내가 어린 시절의 상처 때문에 현재 영향을 받고 있다면, 당연히 그 상처의 뿌리를 뽑아내야 한다. 그 과정이 내면아이 치유의 여정이자 자기 사랑이다. 치유는 다른 사람에게 자신의 상처를 털어놓는 순간부터 시작된다. 문제를 더 이상 가두어 놓지 않고, 적극적으로 받아들이게 되기 때문이다.

J씨는 누가 봐도 반듯하고 예의 바른 청년이었다. 상담이 시작되자, 그는 뜬금없이 정치 얘기를 하다가 한참 후 조용히 자신의 얘기를 꺼냈다. 떠올리기 싫은 기억이지만, 아버지로부터 자주 매를 맞았다고 한다. 아버지는 평소에는 자상한 성격이지만 화가 나면 불같은 성격으로 돌변하여 고집 센 맏이인 J를 때리곤 했다. 골프를 좋

아하는 아버지는 화가 나면 골프채를 휘둘러 J를 위협했다. 그는 지금도 골프채만 보면 그때의 기억이 떠올라 골프는 아예 배울 생각도 하지 않는다고 했다. 그의 아버지는 육체적인 폭력만 가한 게 아니었다. '나가 죽어라!'라는 심한 저주의 말을 퍼부어 자존감을 무너뜨리곤 했다. J씨는 에니어그램 1번 유형의 인물로 도덕적으로 엄격한 성향이어서 아버지에게 반항도 하지 못했다. 처음에 상담할 당시 자신은 아버지에게 매를 많이 맞았지만 아버지를 존경한다는 점을 애써 강조했다. 회기가 지날수록 그는 자신에게 솔직해져서 서서히 아버지에 대한 분노를 드러냈고, 모든 것을 토해 낸 뒤 아버지를 용서하게 되었다.

상처로 굳은살이 박인 과거와 이별하지 않으면 마음이 석고처럼 굳어진다. 사람은 행복한 기억과 불행한 기억들 속에서 살아간다. 상처들의 못된 점은 유독 불행했던 기억만 생각하게 하고, 행복하고 기뻤던 경험은 떠올리지 않게 한다는 것이다. 하지만 딱딱한 상처들을 잘 도려내면 새 살이 올라와 감사하고 행복했던 추억들이 마구마구 떠오른다. J씨도 아버지를 용서하게 되면서, 아버지와 운동을 했던 추억들과 여행 갔던 기억들이 새록새록 생각나 아버지의 사랑을 조금씩 깨닫게 되었다고 한다.

내면아이 치유를 하고 난 뒤, 그는 기분이 평온하고 사물이 분명하게 보인다고 했다. 하늘이 비로소 하늘다운 색깔로 보이고 주변 경치가 너무 아름답게 보인다는 것이다. 오랫동안 자신을 괴롭혔던, 아버지의 학대를 통해 생겼던 망상들이 사라지면서 현재에 오롯이 집중하게 되었고, 편안하고 행복한 감정이 찾아왔다고 한다.

상처를 입 밖으로 꺼내지 못하면 상처는 곪게 된다. 금세기 최고의 심리학자로 평가되는 조지 베일런트는 트라우마라는 것이 존재하지 않음을 증명했다. 그는, 역경은 언제라도 극복될 수 있음을, 70여 년에 걸쳐 이루어진 '장기적인 인간 발달과 성장'의 연구 결과에서 밝힌 바 있다. 현대의 많은 심리학자들도 트라우마라는 개념을 더 이상 신뢰하지 않는다. 과거와 잘 이별하면 상처를 성장의 계기로 삼게 되기 때문이다. 나는 힘들었던 과거와 잘 이별할 수 있게 만드는 내면아이 치유를 통해 트라우마라는 환상은 더 빨리 안전하게 극복될 수 있다고 믿게 되었다.

미국의 정신병원에서 있었던 일화다.

"아, 내가 미쳤지, 정말! 왜 그랬을까? 나 때문에 수많은 사람들이 죽었어! 이 살인자! 나는 살인자야!"

그 사람은 참을 수 없는 고통 때문인지 가만히 있지 못하고 병실 안을 돌아다녔다. 그는 남부 지방에 있는 아주 큰 강을 가로지르는 다리의 관리인이었다. 그가 했던 일은, 배가 지나갈 때 다리를 들어 올렸다가 다시 내리는 것이었다. 어느 날, 그에게 가장 절친한 친구가 배를 몰고 와서 다리를 올려 달라고 부탁했다. 그 친구는 그날 저녁까지 화물을 운반하지 못하면 재산의 반을 잃는다고 했다. 그는 간곡히 부탁하는 친구를 모른 체할 수 없어서 다리를 들어 친구의 배를 지나가도록 했다. 그런데 다시 다리를 내리고 있을 때, 달려오고 있는 기차 소리가 들리기 시작했다. 불행하게도 기차는 강물로 추락하고, 수많은 사람들이 목숨을 잃었다. 그런데 중요한 사실은, 그 일이 일어난 지 8년이 지났는데도 그는 여전히 그 일로 괴로워하고 있다는 것이다.

우리는 과거를 바꿀 수는 없다. 하지만 현재의 방식에 맞춰 최선을 다해 과거와 이별할 수는 있다. 과거와 이별할지, 끈적끈적하게 붙잡고 있을지는 나의 선택이다. 이미 헤어진 애인과 다시 만나더라도 잘되기가 어렵듯이, 상처 있는 과거를 머릿속에서 끝없이 재생하는 것은 부정적인 감정만 키울 뿐이다. 우리의 뇌는 우리가 생각하는 쪽으로 발달한다. 과거를 붙잡고 있으면, 중요한 지금 이 순간을 놓치게 된다. 마음에 잔뜩 끼어 있는 곰팡이 같은 '과거'의 기억들은 '현재'라는 햇빛을 쬐어주면 말끔해진다. 햇빛의 위로를 받으면 마음은 다시 반짝 빛나며, 맑은 날 잘 말려 둔 이불처럼 뽀송뽀송해질 것이다.

내 면 아 이 란 ⋯ 관심을 기다리는 숨겨진 상처

내면아이는 우리 안에 있는 상처받은 어린아이다. 《내 안의 어린아이》를 쓴 에리카 J. 초피크·마거릿 폴은 내면아이를 이렇게 설명한다.

"내면아이는 우리의 본능적 부분, '마음으로 느끼는' 감정이다. 때로는 내면아이가 무의식을 가리킬 수도 있지만 그것은 우리가 내면아이에게 거의 주의를 기울이지 않는다는 의미에서만 그렇다. 우리가 무의식에 대해 알고 싶어 하면 무의식은 즉시 의식으로 활용될 수 있다. 우리의 내면아이는 어린 시절에서 비롯된 감정, 기억, 경험을 포함한다. 내면아이에게서 배우겠다고 마음을 먹는다면 어린 시절의 감정, 기억, 경험이 떠오를 수 있다."

세상을 속일 수는 있어도
나를 속일 수는 없다

손재주가 좋으셨던 아버지는 가구를 아끼고 사랑하셨다. 그래서 시간이 날 때마다 수건에 약품을 묻혀서 정성을 다해 가구를 세심하게 닦곤 하셨다. 나는 아버지가 가구를 닦을 때 기분이 좋아지신다는 걸 잘 알고 있었기 때문에, 용돈이 더 필요할 때면 애교를 부리면서 '수업에 필요한 전공 서적을 더 사야 되는데, 돈이 없어요'라고 말했다. 그런 식으로 거짓말을 하여 아버지에게 자주 용돈을 타내곤 했다. 당시 내 전공 서적들은 죄다 법학과목이라 몇 권만 사도 10만 원이 훌쩍 넘었다. 책을 산다며 넉넉하게 받은 돈으로 책값을 치르고, 남은 몇 만 원으로 옷을 사거나 화장품을 샀다.

"이제 가구점도 그만두게 되어, 너에게 등록금이나 용돈을 줄 형편이 못 된다. 아빠로서 면목이 없다. 네가 장녀니까 빨리 취업을 하든지, 학교를 계속 다닐 거면 이제부터 네가 벌어서 다녀라."

그렇게 아끼시던 가구점 문을 닫고, 아버지는 내게 처음으로 눈물을 보이시며 말씀하셨다. 당시 이 말을 듣고 솔직히 아버지를 원망했다. '아버지면 죽기 살기로 자식을 위해 돈을 벌어야 될 것 아닌가?'라고 생각하기도 했다. 지인에게 보증을 잘못 선 일로 집에 빨간딱지가 붙었고, 아버지는 가구점을 정리하는 것으로 이 일을 해결하셨다. 그러나 지금 생각해 보면 아버지의 선택이 현명했다고 본다. 괜히 자식에게 힘든 걸 숨기고 죽기 살기로 돈을 벌지만 자식이 알아주지도 않아 급기야는 가정이 해체되는 주변의 기러기 가족들을 보면 남의 일 같지가 않다. 그 당시 나를 더 미안하게 했던 사실은, 여러 달 동안 형편이 극히 어려웠음에도 불구하고, 아버지는 내 전공 서적만은 무슨 일이 있어도 사주셨다는 것이다. 그때 나는 결심했다. 무슨 일이 있어도 다시는 아버지를 속이지 않겠다고.

매일 아침, 나는 메일을 확인하며 하루를 시작한다. 특히 20대의 청춘들이 고민을 많이 보내오는데, 연애 고민, 자존감에 대한 고민이 주류를 이룬다. 그 사연들 중에 자기가 착한 사람이 아닌데도 착한 사람으로 포장하는 것이 힘들다는 고민이 있었다.

저는 모든 일에 소극적으로 임합니다. 맡은 일은 열심히 하지만, 시키지 않는 이상 자원해서 맡지는 않습니다. 편한 사람 앞에서는 거리낌 없이 활발하지만, 상대하기 어려운 사람 앞에서는 저를 낮추게 되고 이유 없이 기가 죽습니다. 주위 사람들은 저를 매우 '착한' 아이로 봅니다. 그래서 이용당하는 일이 많고 그렇기 때문에 상처도 많이 받습니다. 저는 상대의 말 한마디에 울고 웃고 혼자 자책하며 하루 종일 그 말 때문에 안절부절못합니다. 이런 저를 고치고 싶어요. 정말, 이런 저에게 따끔한 충고와 조언 부탁드립니다!

24세의 무직 여성이었다. 나는 그녀에게 자신을 사랑하는 방법들 중에서 실천 가능한 것들을 제시해 준 후 응원하는 내용의 답변을 보냈다. 이후 그녀로부터 '공감되고 힘이 되었다'는 답신을 받았다. 아마 나에게 그녀와 비슷한 경험이 있어서 공감되는 내용을 말할 수 있었던 것 같다.

대학교 때 친하게 지냈던 후배가 있었다. 그녀는 얼굴이 예쁘고 몸매도 좋았다. 게다가 성적도 우수해서 '완벽한 여신'으로 소문이 났다. 나는 그녀와 독서 모임에 갔다가 교육생 중에서 멋진 남자를 발견했다. 넋 놓고 바라보는 나를 봤는지 후배가 이렇게 말했다.

"와! 저 남자 정말 잘생겼다. 내가 저 사람한테 말 걸어서 친하게 지내볼까?"

나는 남자들이 그 후배에게 홀리면 거의 100% 사귀게 된다는 사실을 알고 있었다.

'내 이상형인데…….'

이번에는 절대 놓쳐서는 안 되겠다는 생각이 번쩍 들었다. 나는 소심한 성격이었지만 무슨 용기가 생겼는지 그 남자 옆자리에 앉아서 다정하게 말을 걸게 되었고, 통하는 점이 많아서 결국 사귀게 되었다. 하지만 1년쯤 지났을 때, 이상한 소문이 돌기 시작했다.

"후배 Y가 너를 속이고 네 남자친구랑 만난대. 너만 몰랐던 거야. 어떡하니?"

친한 친구로부터 이 소식을 듣고 가슴이 철렁 내려앉았다. 마음이 급해진 나는 남자친구한테 자초지종을 따졌지만, 이런 대답을 들어야 했다.

"밥은 같이 먹은 적이 있어. 하지만 네 생각처럼 오해 받을 만한 사이는 아니야. 날 의심하다니 너무 기분 나쁘다. 우리 사이가 고작 이것밖에 안 되니?"

남자친구는 펄펄 뛰며 화를 냈다. 이 일로 잦은 다툼 끝에 우린 결국 헤어졌다. 하지만 문제는 강의실이나 독서 모임에서 후배와 자주 마주친다는 것이었다. 내가 어떻게 행동했을까? 나는 후배에게 오히려 더 잘해 주었다. 정말 보기 싫고 미웠지만 다정하게 잘해 주었다. 밥과 차를 사주며 안부를 묻고 잘 지내는지 궁금한 척했다. 내 마음을 속이고 그녀에게 잘해주는 내가 싫었지만, 그때는 그게 최선이라고 생각했다. 나를 속인다는 것은 참 마음 아픈 일이다.

실제의 마음과 반대로 행동하는 것. 방어기제 중 반동 형성이다. 동생에게 화가 난 언니가 동생을 할퀴고 싶지만 사랑스럽게 얼굴을 쓰다듬는 것처럼. 방어의 형태 중 하나인 반동 형성을 내가 힘들 때 쓰곤 했다는 것을 심리학을 공부하고 나서 알게 되었다. 지금은 싫거나 불쾌한 것들에 대해 억압하거나 반동 형성을 보이는 대신, 꾸준한 연습을 통해 건강하고 솔직하게 표현할 수 있게 되었다.

스턴트우먼 길라임(하지원)과 재벌 3세 김주원(현빈)의 사랑 이야기를 그린 판타지 멜로드라마인 〈시크릿 가든〉에서 현빈이 했던 명대사가 기억난다.

"그게 최선인가요? 확실해요?"

김주원이 눈을 동그랗게 뜨고 물으면 부하 직원은 눈을 마주치지 못하고 자신감 없이 대답한다. 스스로 최선을 다하지 못했다고 생각하기 때문이다. 자신이 최선을 다했다면, 언제 누가 뭐라고 하든 당당히 대답하게 된다. 상사는 이 점을 간파하고 최선을 다했는지 마음의 목소리를 듣고 싶어서 물어본 것이었다.

이 드라마를 보면서 나는 '길라임'이라는 인물에 대해 매력을 느꼈다. 그녀는 스턴트우먼이라는 평범하지 않은 직업을 가졌는데, 가난함에도 불구하고 당당하고 자신감이 넘친다. 어느 날, 나는 하지원의 액션을 대역했던 실제 인물인 '유미진'의 기사를 보았다. 그녀는 서울액션스쿨 14기로 합류한 스턴트우먼이었다. 고교 졸업 후 모 전자회사에 입사했던 유미진은 1년 만에 회사를 그만두고 체육대학에 입학했다. 그녀는 순천에서 무작정 짐을 싸들고 상경했다.

"돈, 안정 같은 거, 순간순간 행복하지 않다면, 그런 것들마저 멀리 보면 불행입니다."

그러면서 그녀는 이 말을 덧붙였다.

"운동에 미쳐서 여기까지 왔습니다. 운동하는 사람이 얼마나 멋진 줄 아십니까. 죽을 것 같은 순간까지 뛰다가 숨이 넘어갈 것 같을 때 딱 멈추고 가슴에 손을 올려놓습니다. 손바닥 밑에서 심장이 쿵,

쿵 뜁니다. '아, 내 심장이 뛰는구나. 내가 살아있구나. 이겨냈구나.' 그런 생각이 듭니다."

그녀는 자신의 내면에 정직했다. 좋아하는 일에 죽기 살기로 최선을 다했고, 그런 그녀에게 꿈 같은 기회도 찾아왔다.

부동산 재벌 도널드 트럼프는 말했다.

"나는 현실에 만족하는 사람이 아니다. 나는 하나의 성취를 바탕으로 성장하고, 또 그 다음 단계로 옮겨갔다. 하나하나의 성취는 바로 그 다음의 기회로 연결되었다."

하나를 할 때 있는 힘을 다해서 최선을 다하면, 그것은 성취로 이어진다. 오직 내 앞에 주어진 것에 충실하면 그만이다. 자동차로 밤길을 달리듯 100미터 앞만 보고 열심히 달리면 되는 것이다. 200미터, 300미터, 그 이상의 앞을 볼 수 없다고 해서 두려워할 필요가 없다. 그렇게 처음에는 작고 사소한 부분에 도전하지만, 그 도전이 점차 큰 운과 기회로 연결된다. 세상은 이런 사람에게 성공이라는 기회를 준다.

서른 살 후반에 작가로서의 새로운 삶을 시작한 나에게 누군가가 '지금 너무 늦은 거 아니에요? 힘들게 왜 고생을 사서 하세요?'라고 걱정한다면 이렇게 말하고 싶다.

"빠른 건 아니지만 늦은 것도 아니에요. 나 자신을 속이고 나중에 후회하기보다 가슴 뛰는 선택을 하며 하루하루를 살고 싶습니다."

이정표 없이 좌충우돌했던 내 20대 시절 하수下手의 삶에 공감하는 청춘들에게 내 글과 강연을 통해 희망과 사랑을 전하고 싶다. '지금 당장 행복하라'라는 말처럼 행복은 성공을 하면 오고, 커다란 평수의 집을 사면 오는, 미래에 느끼는 가치가 아니다. 나는 지금 현재의 행복한 삶을 위해 내 마음이 원하는, 가슴 뛰는 꿈을 향한 긍정의 힘을 믿는다. 지금 솔직하게 자기 자신에게 물어보자.

"지금 나는 내 가슴이 원하는 최선을 다하고 있는가? 그게 확실한가?"

고통 없는
달콤함은 없다

2007년 여름은 내 인생 가장 심한 열병을 앓았던 시기였다. 밤에는 잠이 오지 않았고, 아침이면 물에 흠뻑 젖은 솜뭉치처럼 몸이 무거웠다. 불면증은 나를 점점 막다른 구석으로 내몰았다. 저절로 우울증이 찾아왔고, 모든 걸 부정적으로 보게 되고, 얼굴에서 웃음기가 사라졌다. 나도 모르게 베란다 쪽을 자주 쳐다보게 되었다.

'이러다가 정말 큰일 나겠다.'

모든 걸 다 포기하고 싶었다. 내 머릿속엔 '죽자'라는 단어가 깊이 새겨져 있었다. 하지만 한편으로는 그러고 싶지 않았다. 솔직히 말해서 그럴 용기도 없었다. 무서웠고 두려웠다. 게다가 하나밖에 없는 아들을 두고 떠날 수는 더더욱 없었다.

그때 내가 매달린 게 웃음 치료, EFT Emotional Freedom Technique : 감정자유기법, 내면아이 치유였다. 그 후 심리 치유에 관심을 갖게 되어 EFT 워크숍에 다녀왔다. EFT는 손가락으로 경혈을 두드림으로써 교란

된 신체의 에너지 시스템을 바로잡고 마음과 몸의 문제를 해결하는, 침을 사용하지 않는 독특한 침술이다. 몸에 나타나는 증상들을 소리 내어 말하면서 몸의 경혈을 침 대신 손가락으로 두드려 자극하면 인체의 자연 치유력이 극대화된다. '상처가 된 모든 과거의 기억에는 공포, 불안, 좌절, 우울 등 부정적 감정이 결부되어 있고, 이것만 제거되면 기억 자체가 힘을 잃거나 사라진다'라는 것이 치유의 이론이다. 이 분야를 공부하면서, 감정은 모든 생각과 사고의 엔진이며, 아픈 기억에는 아픈 감정이 연결되어 있다는 것을 알게 되었다. EFT 워크숍에서, 3년 전에 겪은 교통사고의 공포스러웠던 기억을 단 20분 만에 치유했다. 그 경험을 토대로 EFT에 심취하게 되었고, 내적 평화의 과정을 통해 힘들었던 내면의 상처들을 꾸준히 치유했다. 나는 코치가 알려주는 대로 의심하지 않고 실행했다. 하루 100번 감사하라면 그대로 했고, 수시로 확언하고, 웃고, 두드렸다.

모르는 사람이 그런 나를 봤으면 실성했다고 했을 것이다. 그러나 나는 절박했기에, 살고 싶었기에 그 모든 걸 했다. '간절하면 이루어진다'는 지금의 내 신념은 고통에서 얻은 깨달음이었다.

고통 속에서 배움을 얻지 못하면 고통을 떠나보내기가 쉽지 않다. 배움을 얻고 고통을 떠나 보내는 순간, 우리의 현재는 더 성장한다. 영화감독이자 전 문화관광부 장관인 이창동은 고등학교를 졸업한 후, 극심한 생활고 때문에 대학 진학을 하지 못한 상태였다. 희망을 찾지 못하고 힘들어 하고 있을 때, 시인 김원도가 그를 찾아왔다.

"고등학교 시절, 네 글 솜씨를 눈여겨봤다. 문학 동아리를 함께 해보는 거 어떠냐?"

그러나 그는 삶의 고통 때문에 선뜻 그 권유를 받아들일 수가 없었다. 문학이라는 꿈을 꾸기엔 자신의 삶이 너무 버거웠기 때문이다. 그의 하소연을 한참 듣고 있던 김원도가 말했다.

"네 생활의 고통이 너의 자산이야."

그 한마디로 인해 이창동의 생각은 이렇게 바뀌었다.

'현실의 고통은 부끄럽고 치욕적인 것이 아니라 내 자산이다. 피하지 말고 껴안으며, 바로 그것에서부터 출발해야 한다.'

그는 김원도와 함께 '주변 문학'이라는 작은 문학 동아리를 만들어 소설 습작을 하며 동인지를 냈다. 삶은 고통스러웠지만, 그것을 통해 문학을 만났고, 고통을 피하지 않고 받아들일 수 있는 용기를 얻었던 것이다.

《살아 있는 뜨거움》의 저자 김미경은 논문 표절 사건 때문에 아프고 힘들었던 지난날의 경험을 이렇게 털어놓았다.

"미경아, 절대 댓글 보지 마라. 아버지가 다 봤다. 어제랑 똑같다."

아버지는 하루 종일 컴퓨터 앞에 앉아 나에 대한 댓글을 다 읽었던 것이다. 자식의 매를 부모가 먼저 맞아야 한다는 심정으로. 사건이 터지고 얼마 후, 나는 이미 알았다. 불행의 모습을 하고 있지만, 결국 불행은 아니라는 것을. 머지않아 이 일에 감사하리라는 것도. 머리로는 다 알았다. 그렇더라도 감정은 들러야 할 곳을 결코 빼놓지 않았다. 마치 완행열차처럼 한

군데도 건너뛰지 않고 천천히 돌면서 하나씩 하나씩 내려놓고 있었다. 처음에는 분노를, 그 다음에는 불안과 초조를, 그 다음엔 죄책감, 우울, 무력감, 고독……. 그러다가 하루는 내가 느꼈던 모든 감정을 종이에 깨알같이 써봤다. 마흔두 개. 그렇게 마흔두 개의 하루를 다 건너고 나서야 나는 조금씩 살 만해졌고 훨씬 자유로웠다.

한때 김미경 작가의 강연 동영상을 보고 '참 멋지다. 나도 저렇게 열정적으로 강의하는 자유로운 사람이 되고 싶다'라고 생각한 적이 있었다. 지금 내가 강연가로서의 꿈을 이루게 된 데에는 그녀의 멋진 강의가 동기 부여로 작용했다. 롤 모델이었던 그녀가 논문 표절 시비를 겪을 때 나도 팬으로서 마음이 아팠다. '내가 만약 저런 일을 겪었으면 어떻게 되었을까?'라고 생각하니 가슴 한구석이 먹먹해졌다. '그녀에게 닥친 폭풍들이 어서 잠잠해졌으면' 하고 기도할 뿐이었다. 어느 날, 서점에 가니 베스트셀러 코너에서 그녀의 신간도서가 반짝 눈에 띄었다. 너무 기뻤다. 책을 사서 미친 듯이 몰입하여 읽어 내려갔다. 위의 구절은 내가 읽은 부분 중 가장 가슴에 꽂혔던 구절이다. 예상했던 것처럼, 결국 그녀는 한때 겪었던 아픔과 고통들을 아름답게 잘 이겨냈다.

고통은 누구에게나 쓰라리고 아프다. 하지만 고통이 왔을 때 고통을 피하고 없애려 할 게 아니라, 내 안에서 충분히 있다가 가도록 허용하는 건 어떨까? 고통이 또 다른 희망으로 이어질 때까지 울고 싶으면 실컷 울고, 시간이 얼마가 걸리든지 재촉하지 않고 기다리는 것이다.

"우리가 부모를 만난 것은 우리의 선택입니다. 그런 관점으로 세상을 바라보세요. 그러면 고통이 다른 관점으로 보이기 시작합니다."

네이버 카페 〈오픈 유어 하트〉를 운영하는 핑거스윙 편기욱 원장의 말이다. 시크릿과 릴리징 등으로 많은 사람들의 치유와 성장을 돕고 있는 그는 《3분 시크릿-생각편, 실천편》을 펴냈고, 치유가 필요한 사람들에게 공감되고 실천 가능한 비법들을 전수하고 있다.

현재 시가 40억 원이 넘는 호화 주택에서 꿈에 그리던 이상형 여성과 결혼해 완벽한 삶을 즐기고 있는 변화 심리학의 권위자 앤서니 라빈스는 이렇게 말한다.

성공의 비결은, 당신이 고통과 즐거움에 휘둘리는 것이 아니라, 그 고통과 즐거움을 활용하는 법을 배우는 것이다. 만일 그렇게 된다면, 당신은 자신의 인생을 지배하게 되는 것이다. 만일 그렇지 않다면, 당신은 인생의 노예가 될 것이다.

많은 사람들이 고통을 피하려고만 하고 외부 환경을 탓하며 좌절한다. 즉, 외부 환경에 의해 지배를 받는 것이다. 물론 고통을 좋아하는 사람은 없다. 그러나 인생살이에 완벽한 무통 주사는 없다. 이왕 다가온 고통이라면, 달콤한 희망의 자양분으로 여기고 한껏 활용하자. 실패는 없다. 천천히, 쉼 없이 연습 또 연습하면 된다. 블라인드를 내릴 때 천천히 줄을 당기듯이 한 걸음씩 내딛자. 세상은 희망을 향해 줄을 당기는 당신의 편이다. 고통을 잘 이겨 낼 자신을 믿고, 다가올 달콤한 희망을 믿자.

E F T 는 어떤 효과가 있나요?

"불안하면 무의식적으로 먹게 돼요. 다이어트에 실패할 수밖에 없어요."
"저는 불안할 때 말하면서 일을 하게 돼요. 다른 사람이 쳐다보기도 하는데 방해가 돼도 어쩔 수 없어요. 안 그러면 불안해서 미칠 것 같거든요."
"사랑하는 사람과 이별하면 한동안 공황상태, 자살 충동이 생깁니다. 그래서 이제는 연애도 하지 못하겠어요. 내가 참 한심해요."

우리는 이렇게 무의식적으로 반응하고 행동한다. 이 행동의 원인은 바로 과거의 기억인데 이 과거의 기억을 평화롭고 행복한 기억으로 변화시키면 우리 삶에서 어떤 일이 일어날까?
어린 시절, 나의 부모님은 자주 싸우셨고, 그로 인해 나는 자다가 깨는 일이 반복되었다. 불안한 상태에서 잠이 들어 아침에 일어나는 것이 너무나 싫었고, 부모님에 대한 원망으로 일상이 불행했다. 나의 무의식에는 이런 부정적인 생각이 가득 찼다.
"나는 안 되는구나. 이 불행한 상황은 여전히 지속될 거야."
"부모님은 언제나 바뀔까? 나는 앞으로도 행복할 수 없을 거야."
이 생각들의 원인도 과거의 기억 때문이었다. 어른이 되어 수면 장애라는 고통을 겪으면서 과거의 기억들을 EFT를 통해 천천히 꺼내기 시작했다. 물론 꺼내는 작업은 고통스럽고 불편했다. 하지만 그 과정을 지나 지금은 EFT를 통해 과거의 상처받은 기억을 가진 내면아이를 치유하는 전문적 상담가로 일을 하고 있을 만큼 나는 성장했다. EFT와 내면아이 치유를 만나지 않았다면 과거의 기억은 늘 나의 발목을 붙잡고 힘들게 했을 것이다.

EFT는 Emotional Freedom Techniques의 약자로 감정자유기법이라고 한다. 이것은 마음과 몸의 문제를 해결하는, 침을 사용하지 않는 침술이다. 이 기법을 통해 누구나 쉽고 간편하게 무의식에 접근하여 무의식의 부정적인 요소들을 바꿀 수 있다. 그런 점에서 EFT는 무의식을 변화시키는 탁월한 도구라고 할 수 있다. EFT를 하게 되면 나를 힘들게 했던 기억들이 생각나지 않거나 희미해지게 되는데, 그 이유는 과거의 기억과 결부된 부정적 감정들이 제거되면 기억 자체가 힘을 잃거나 사라지기 때문이다.

EFT의 원리는, 신체 에너지 시스템인 14경락의 중요한 경혈을 침 대신 손으로 두드려 경락의 균형을 잡아줌으로써 부정적인 감정이 사라지게 하는 것이다. 두드리면서 흐트러진 경락 체계를 바로잡고 확언의 반복을 통해 뇌가 해결하고자 하는 문제에 집중하게 된다.

여러분의 무의식 안에 있는 부정적인 정보와 기억들을 지우고 싶다면, EFT를 실천해 보고 감정의 자유를 느끼게 되길 바란다.

꿈이 없는 청춘은
날개를 접은 새와 같다

삶을 위한 의미나 생활의 더 높은 목적을 추구하는 갈매기야말로 가장 책임감이 강한 갈매기가 아닐까요? 우리는 수천 년 동안 물고기 대가리밖에 찾아다니지 못했소. 하지만 이제 우리는 삶의 목적을 갖고 있습니다. 배우는 일, 발견하는 일, 그리고 자유로이 되는 것이 그것입니다.

리처드 바크의 《갈매기의 꿈》에서 갈매기 조나단은 다른 평범한 갈매기들처럼 먹이만 중요시하지 않고, 나는 법을 배우기 위해 끊임없이 시도한다. 다른 갈매기들은 그런 그를 비난하고 따돌렸다. 그러나 조나단에게 있어서는 먹는 것보다 나는 일 그 자체가 중요했을 뿐이었다. 그는 그 어떤 일보다 '나는 일'을 사랑했다. 나아가 비행의 의미를 깨닫고, 다시 그것을 초월하기 위해 끊임없이 도전했다.

조나단은 똑같은 짐, 똑같은 한계에 갇혀 고통 받는 대신, 배우고 발견하고 자유로워지길 원했다. 꿈이 있는 삶이란, 배우고 발견하고 자유로운 삶을 추구하는 삶이다. 비상하는 삶을 원한다면 꿈이 있어야 한다.

성공한 사람과 성공하지 못한 사람의 차이는 시련의 크기에 있지 않다. 성공한 사람은 시련이 끊임없이 닥쳐와도 넘겨졌다가 다시 일어서기를 반복하지만, 후자는 넘어지면 주저앉고 포기하게 된다. 성공하는 사람들이 그런 힘든 과정 속에서 절망하지 않는 이유는 바로 꿈 때문이다. 언젠가는 꿈이 이루어진다는 희망으로 험난한 과정을 버티는 것이다.

미국의 야구 선수 D. 엘더는 이렇게 말했다.

"꿈꾸는 사람은 미래를 들여다보며 희망을 본다. 꿈꾸지 않는 사람은 단지 미래만 볼 뿐이다."

꿈이 있는 사람은 거센 파도에도 흔들리지 않는다. 거센 파도가 일렁이는 현실을 보지 않고, 이루고자 하는 미래를 바라보기 때문이다. 그래서 아무리 거센 파도가 밀려와도 인내하며 꿈을 향해 앞으로 나아간다. 그래서 꿈이 있는 사람과 없는 사람의 성공의 격차는 하늘과 땅처럼 벌어진다.

하버드 대학은 지능 지수와 학력, 자라 온 환경이 비슷한 사람들을 대상으로 꿈이 인생에 끼치는 영향에 대해 실험을 했다. 그 결과 조사 대상자 가운데 27%는 꿈이 없고, 60%는 희미하며, 10%는 단기적 꿈을 갖고 있었다. 명확하면서 뚜렷한 꿈을 갖고 있는 사람은 3%에 불과했다. 연구팀은 이들의 삶을 25년간 추적 조사한 결과 재미있는 사실을 발견했다.

명확하고 장기적인 꿈이 있던 3%는 25년 후 대부분 사회의 주도

적 위치에서 영향력을 행사하고 있었다. 하지만 단기적 꿈을 지녔던 10%의 사람들 대부분은 중상위층에 머물러 있었다. 그들은 단기적 꿈을 지속적으로 달성하며 안정된 생활 기반을 구축했고, 주로 의사, 변호사 등 전문직에 종사하는 경우가 많았다. 꿈이 희미했던 60%는 중하위층에 속했다. 안정된 환경에서 일하고 있었지만, 앞선 10%만큼 뚜렷한 성공을 거두지는 못한 것으로 나타났다.

그렇다면 꿈이 없던 27%의 사람들은 25년 뒤 어떤 삶을 살았을까? 그들은 하나같이 최하위 수준에 머물러 있었으며, 취업과 실직을 반복하는 비참한 삶을 살고 있었다. 그들은 남과 사회를 향해 불평하면서 스스로 어떻게 힘든 삶을 이겨낼 것인가에 대한 고민이 부재한 삶을 살고 있었던 것이다.

중학교 2학년 때, 장염으로 2주간 입원을 한 적이 있었다. 큰고모의 딸인 기영 언니는 내가 곤경에 처하면 항상 만사를 제치고 달려왔다. 언니는 그때 20대 꿈 많은 청춘이었는데, 대학에 진학하는 대신 큰고모를 도와서 같이 옷가게를 하고 있었다. 어릴 때, 고모 집에 놀러 가면 책 읽는 언니의 모습을 자주 볼 수 있었는데, 그런 언니의 모습을 보면서 나도 자연스럽게 책을 좋아하게 되었던 것 같다. 입원한 나를 위해, 언니는 《모모》라는 책과 과자를 잔뜩 사가지고 병문안을 왔다.

나는 지금도 가끔 부산에 있는 언니 얼굴을 떠올리며, 그때의 행복에 젖어들곤 한다. 입원실 문을 열며 기쁘게 나를 부르던 언니의 그 목소리도 기억이 난다. 사춘기의 폭풍으로 끙끙 앓고 있던 나는,

언니가 오기 직전, 혼자 입원실에서 등을 돌리고 누워 훌쩍거리고 있었다. 지긋지긋하게 가난한 현실, 친엄마가 보고 싶지만 아무한 테도 말할 수 없는 아픔, 왠지 10년 뒤에도 지금처럼 암울할 것만 같은 나의 미래를 부정적으로 상상했다. 어린 나는 마음이 약해질 때면 한껏 우는 방법으로 힘든 순간순간들을 버텨냈다. 그렇게 울다가 지쳐 잠들려고 하는 순간 언니가 들어왔는데, 나는 언제 울었냐는 듯 침대에서 벌떡 일어나 앉았다. 그만큼 기쁘고 반가웠던 것이다. 언니가 가고 나면 혼자 남겨진다는 외로움과 이별의 슬픔이 있었지만, 나는 그 이별의 슬픔을 《모모》를 읽으며 달랬다.

미하엘 엔데의 영원한 걸작 《모모》에는 시간을 훔치는 도둑과, 그 도둑이 훔쳐간 시간을 찾아주는 한 소녀의 이야기가 나온다. 내 서재 가운데 칸에 꽂혀 있는 이 책은 지금도 종종 나를 위로하고 달래준다.

들어 보세요. 여러분, 우리의 말을 들어 보세요.
열두 시 오 분 전에 종이 울렸습니다.
그러니 깨어 일어나 정신을 차리세요.
누군가 여러분의 시간을 훔치고 있으니까요.
들어보세요. 여러분, 우리 말을 들어 보세요.
더 이상 괴롭힘 당하지 마세요!
일요일 세 시에 오셔서 우리 얘기를 들어 보세요.
그럼 여러분은 자유를 되찾을 수 있어요!

여기엔 꿈과 잃어버린 시간을 되찾아 주는 행복한 이야기가 담겨 있다. 작가 미하엘 엔데는 '시간은 삶이고, 삶은 우리 마음속에 깃들어 있다'라고 말했다. 꿈이 없으면 늘 시간에 쫓기며 허덕이는 삶을 살게 된다. 나도 이 책을 다시 읽으면서, 모모를 만나 꿈을 찾아 헤매던 나의 시간들을 돌려 달라고 말하고 싶어졌다.

초등학교, 중학교, 고등학교를 거치면서 꿈에 그리던 대학 생활에 접어들었다. 그러나 캠퍼스 생활의 기쁨은 잠시뿐, 나도 다른 평범한 대학생들처럼 아침에 도서관부터 출근하는 취업 준비생의 나날로 접어들었다. 도서관은 낭만보다는 비정한 현실이 느껴지는 곳이다. 도서관의 명당자리는 기분 좋은 하루를 시작하는 열쇠가 되기 때문에, 이 하루를 얻기 위해 새벽잠을 설치고 나오기도 했다.

강철 문 같은 취업의 경쟁을 뚫고 나니 만만치 않은 직장 생활이 나를 기다리고 있었다. 첫 직장, 첫 출근의 설렘은 금세 지루한 일상으로 변해 버렸다. 인간관계에 점점 회의감이 밀려오고, 나라는 존재가 끝이 보이지 않는 계단들을 올라가기 위해 발악하는 작은 개미처럼 느껴졌다.

이런 느낌들을 회피하기 위해 사랑하는 사람과의 결혼을 서둘렀다. 세상에서 단 하나뿐인 나의 아이가 태어나던 날, 나는 감사함과 뭉클함에 젖어 대성통곡을 했다. 그러나 아이가 주는 기쁨과 행복 속에서도 나는 늘 시간에 쫓기는 삶이 싫었고, 때때로 밀어닥치는 불안과 외로움의 원인이 무얼까 찾게 되었다. 드디어 원인을 알게 되었다. 나에겐 꿈이 없었다!

꿈이 없던 시간에는 어디가 희망의 종착점인지 모르기 때문에 행복 속에서도 '행복이 없어지지나 않을까'라는 생각에 불안하고, 항상 나 자신과 연결되지 못하는 외로움이 존재했다. 나는 작가, 내면아이 치유 메신저의 꿈을 꾸면서 가슴 한구석에 아리게 자리 잡고 있던 이 문제와 마주치는 행복을 맛보았다. 접혀 있던 날개가 활짝 펴진 것이다. 이제 이루고 싶은 꿈을 향해 날개를 펴고 힘차게 날아가면 된다.

모든 사람에겐 자신만의 날개가 있다. 그 날개를 펴게 하는 것은, 다름 아니라 바로 꿈이다. 물론 접혀져 있던 시간에 대한 아쉬움들이 있을 수 있다. 그러나 그런 시간들은 지금 이 순간부터 날려버리고, 나를 펼치는 데 집중하면 된다. 꿈은 성공과 행복을 이루는 씨실과 날실이다. 이제 꿈의 목표를 이루면서 순간순간을 즐기는 행복한 삶을 맛보자. 하늘을 자유롭게 비상하는 새처럼 내 꿈을 펼치자.

실패가 두려운 청춘은
청춘이 아니다

"여보세요."

"놀라지 마라. ○○가 수면제를 먹고 자살했다. 지금 우리, 장례식장에 다 와 있다. 니도 올 수 있으면 좋겠는데."

나는 믿을 수가 없었다. 다른 사람은 몰라도 그 사람은 절대 그럴 사람이 아닌데……. 대학 시절 친했던 선배. 형편이 어려웠던 나의 사정을 잘 알고, 밥도 자주 사주고 소주잔도 가끔 기울이며 건배를 외치던 모습이 생생하다. 긍정적이고 잘 웃던 선배였는데, 연이은 사업 실패로 결국 안타까운 선택을 하고 말았다.

며칠 간 그 선배 생각을 하면 눈물이 줄줄 흘렀다. 남아 있는 가족들을 생각해도 안타까웠고, 선배가 그런 선택을 하기까지 얼마나 견디기 힘들고 외로웠을까 생각하니 너무나 미안했다. 그동안 가난한 후배랍시고 주는 것 하나 없이 받기만 했다. 무엇이 그를 낭떠러지로 떨어지게 했을까?

자살을 하기 직전에는 모든 생각이 '죽어야 한다'는 생각 속에 갇히게 된다. '어떤 방법으로 살까'보다는 '어떤 방법으로 보다 빨리 실패하지 않고 죽을 수 있을까'를 생각하게 된다. 매일 밤 죽는 꿈만 꾸게 된다. 자동차에 치이는 꿈, 익사하는 꿈, 살해당하는 꿈…….

방법은 다양하지만 하나같이 죽는 꿈을 꾼다. 나 또한 이런 경험이 있었다.

고2 때까지 내신 1등급을 유지한 나를 보고, 담임 선생님은 당연히 내가 모교를 빛낼 대학교에 입학하리라 기대하셨다. 하지만 가장 집중력을 발휘해야 할 고3 때, 나는 슬럼프에 빠졌고 성적은 점점 나빠졌다. '수능 시험을 잘 못 치르면 어떡하나?'라는 생각에 매일 악몽을 꾸었고, '좋은 대학에 못 들어가면 나를 버린 엄마한테 복수를 못하는데……'라는 어이없는 생각으로 스스로를 괴롭혔다. 결국 내가 예상했던 대로 원하는 성적이 나오지 않아 모의고사보다 현저히 떨어진 성적을 받게 되었다. 부모님과 선생님의 기대가 무너지고, 나 자신이 용서가 되지 않았다. 시험 일주일 전부터 심한 두려움에 사로잡혔던 것이 직접적인 원인이었다. 시험 불안증을 제대로 경험한 것이다. 시험 치기 전, 두 달간 매일 악몽을 꾸고 밥도 제대로 먹지 못했다. 결국 실패의 시나리오를 무한 반복해서 생각했고, 그 결과 내가 상상한 일이 벌어졌다. 더욱 나를 힘들게 한 것은, 집안 형편 때문에 재수는 감히 엄두도 낼 수 없다는 사실이었다.

'이제 드디어 내 인생도 끝이구나'라는 생각에 수능시험 후, 학교에 가지 않고 집에 틀어박혀 아무것도 먹지 않고 꼼짝없이 누워만 있었다. 누워서 수없이 자살에 대한 생각을 했다. 그때 담임선생님께서 집으로 전화를 하셨다.

"수능 한 번 못 쳐서 인생 끝났다고 착각하는 모양인데, 일단 내일 무조건 학교 와라. 니 학교 대표로 졸업상 받기로 교장 선생님이 추천하셨다."

그날, 나는 암울한 표정으로 상을 받았다. 지금 그 사진을 보면 웃음이 나오지만, 그 당시엔 세상 누구보다 절망적이고 나 자신이 부끄러웠다. 힘찬 박수 소리조차 나를 비웃는 소리로 느껴질 정도였다. 대학에 지원할 때, 아빠는 안정적인 직업인 교사가 되는 것을 원해서 교대에 가라고 하셨지만, 아빠 의견에는 무조건 청개구리 짓을 해야 직성에 풀렸던 나는 법대를 선택했다. 법대에 들어간 이유는 검사, 판사라도 돼서 무조건 내 한을 풀겠다는 생각 때문이었다.

지금 그때의 나를 생각해 보면, 수능 시험을 잘 쳐야 인생에 성공한다는 신념이 강했던 것 같다. 그렇기 때문에 실패한 나를 받아들이지 못했던 것이다. 18년이 지난 현재의 나는 매일 '어떻게 하면 더 행복할 수 있을까'를 꿈꾸는 행복하고 성공적인 삶을 살고 있다. 좋아하는 일을 하고 있고, 누구보다 행복감을 느끼며 하루하루를 살고 있다. 그러나 그때의 쓰라린 경험이 없었다면, 지금 비슷한 경험을 하고 있는 청춘들의 입장에 공감하기가 어려웠을 것이다. 그 시절 실패의 경험은 상담하는 나에게 귀중한 자산이 되었다.

실패는 분명히 괴롭다. 하지만 평생을 한 단위로 생각해 볼 때, 지금이라는 순간은 찰나에 불과하다. 따라서 청춘은 모든 걸 해봐도 충분히 괜찮은 나이이다. 인생을 길게 보아야 한다. 지금 실패한 경험은 나중에 값진 보상으로 돌아온다.

K 내담자는 20대 후반 여성이다. 그녀는 최근에 남자 친구와 헤어지고 나서 심한 충격으로 상담을 받게 되었다. 그는 그녀가 몹시 사랑했던 사람이었지만, 결국 그녀에게 쓰라린 배신의 아픔을 안기고 말았다.

배신을 알고 바로 헤어질 결심을 한 것은 아니었다. 처음에는 분노하다가, 남자 친구가 용서를 구하자 한 번쯤은 용서해 줄 수 있을 거라고 생각했다. 하지만 마음이 멀어져 이별을 할까 말까 결정을 못 하는 그녀를 보고 엄마는 그녀에게 쓴 소리를 던졌다.

"엄마는 돈이 아주 많고 잘난 사위 바라지 않아. 생각해 봐라. 네 아빠가 두 번이나 외도하는 바람에 엄마 속은 썩을 대로 썩었다. 너희들 잘 키우려고 참고 산 거 너도 잘 알 거야. 엄마는 네가 사람 보는 눈 하나는 있을 걸로 믿는다."

소아과 병원 간호사인 K는 아버지의 외도를 보며 유년기를 보냈다. 교사였던 엄마는 우울증이 심해 다니던 직장도 그만두고 입원과 퇴원을 반복했다.

'어떻게 우리 아빠가 이럴 수 있을까?'

아버지도 용서할 수 없었고, 헤어지지 않는 엄마도 이해할 수 없었다. 그러면서 '나는 절대 저렇게 살지 않으리라' 다짐했다. 그런데 자신이 이런 일을 겪게 되자 너무나 절망스러웠다. 3년간 치열하게 연애했던 시간들이 한 순간에 물거품이 되어 버린 현실이 고통스러워서 견딜 수가 없었다. 그러다가 그녀는 나를 찾아와 상담을 하게 되었고, 나에게 이렇게 털어놓았다.

"선생님, 사실 저는 엄마처럼 살까 봐 너무 두려워요. 하지만 그 남자를 너무 사랑해요. 저는 이럴 때 어떻게 해야 되나요? 그런데 이 사람 놓치면 다른 사람 절대 못 만날 것 같아요."

그녀는 자신이 결단하지 않으면 앞으로의 미래가 어떻게 될지를 알고 있었다. 하지만 그와 나눈 사랑의 시간들이 실패로 끝날까 봐 선택을 주저하고 있었다. 그런 그녀가 내면아이 치유 단계가 끝나던 날, 이렇게 말했다.

"저는 그를 아주 많이 사랑한다고 생각했어요. 하지만 선생님께 상담을 받고 나서 제가 알게 된 사실은, 제가 그를 진심으로 사랑하는 게 아니었다는 것이에요. 내가 나를 사랑하지 못했는데, 그가 나에게 관심을 보여주니까 그게 너무 좋았던 거예요. 저는 연애에 또 실패할까 봐 두려웠어요. 그래서 그가 배신을 했는데, 오히려 제가 그에게 매달리게 되는 거예요. 집착하고 더 의심해서 그의 숨을 막히게 했어요. 이젠 저를 위해서라도 그만하고 싶습니다."

그녀가 이런 마음을 먹기까지 쉽지 않았다. 다른 사람들은 그녀의 우유부단함을 꼬집었으나, 상담을 하는 동안 나는 그녀의 결단을 묵묵히 기다려 주었다. 그녀가 연애의 실패를 두려워하고 머뭇거렸다면 더 큰 상처를 받았을지도 모른다. 하지만 결국 그녀는 자신을 진정으로 사랑하는 선택을 해냈다. 몇 달 뒤, 그녀는 대화가 잘 통하는 소울 메이트를 만났다는 소식을 전해왔다.

5126번의 실패를 한 제임스 다이슨. 5126번의 실패 속에서는 곧 5126번의 두려움을 경험하기 마련이다. 보통 실패가 거듭되면 실패 속에서 '안 될 거다'라는 두려움에 사로잡히게 된다. 그러나 그는 '실패가 두려움을 낳는다'는 일반적인 사고방식과는 달리 실패 속에서 5126번의 가능성을 찾았다. 이미 소비에 있어 포화 상태를 이룬 청소기 제작에 뛰어들어 먼지 봉투 없는 진공 청소기를 만들어 내기까지 실패의 요인을 5126번 찾아냈던 것이다. 그의 5127번째의 시도가 성공할 수 있었던 것은 끊임없는 노력과 전진의 힘이었다.

다이슨은 '우유 한 병을 사러 가기 위해 10마일을 걸어야 하는' 찢어지게 가난한 집에서 자랐다. 사업 실패로 20년간 엄청난 빚을 진 채 살았고, 법정 소송, 자금 부족, 지루한 특허 출원 과정 등 계속해서 실패를 거듭했다. 다이슨의 성공 비결은, 그런 계속되는 실패를 두려워하지 않고 될 때까지 시도를 멈추지 않은 것이었다.

누구나 실패는 두렵다. 2007년, 재테크 열풍이 불었을 때, 나 또한 무리하게 대출을 해서 아파트를 산 일이 있었다. 나와 함께 집을 샀던 지인의 아파트는 값이 껑충 올랐는데, 나는 그 반대였다. 자책하며 가까운 친구에게 이렇게 털어놓았다.

"내가 왜 그런 선택을 했을까? 좀 더 신중해야 했는데……. 우리 집에서 방 3개는 내 것이 아니야. ○○은행 거야."

허탈해 하는 나에게 친구는 이렇게 조언했다.

"아파트는 이제 돈을 버는 수단이 아니야. 힘들겠지만, 이번 기회에 재테크에 실패했다는 사실을 받아들이면 어떻겠니? 나도 주식을 해서 어마어마한 손해를 봤는데, 어쩔 수 없더라. 돈이야 다시 벌면 되는 거고, 손해 본 건 시간이 지나면 서서히 회복될 거야. 너무 걱정 마."

그 친구는 사실 주식과 땅 투기 등으로 나보다 훨씬 큰 금액을 손해 본 바 있었다. 그 친구가 그런 말을 하기까지 얼마나 마음 고생이 컸을까, 새삼 생각하게 되었다. 나는 그 경험을 통해 이런 교훈을 얻게 되었다.

'더 많은 것을 가진 사람들과 나를 비교하지 말 것.'

'모르는 분야에 대해서는 신중히 선택할 것.'

우리는 태어나서 걷기까지 수많은 시행 착오를 거듭한다. 아직도 나는 아들이 태어나서 6개월째 될 무렵 혼자 뒤집기를 했던 장면을 잊지 못한다. 누가 뒤집으라고 하지 않았는데도 수십 번 실패를 거듭한 끝에 거뜬히 혼자서 뒤집기를 하는 것을 보고, 나는 신기하고 감사해서 사진으로 찍어 두었다. 내 서재에 걸린 이 사진은 나의 보물 1호다.

인생의 대본은 누구도 가지고 있지 않다. 날마다 무슨 일이 일어나는지 알기 위해 무언가 새로운 것을 시도할 기회는 얼마든지 있다. 우리는 기대와 다르게 나타난 결과를 실패로 보는 그릇된 관점을 바꾸어야 한다. 특히 아직 청춘이라면 성장하기 위해 많은 실패를 겪게 될 것이다. 그 실패 속에서 교훈과 정보를 찾아내는 건 각자의 몫이다.

실패를 어떤 관점으로 바라볼 것인가?

두려운 괴물로 볼지, 반가운 선물로 볼지는 당신의 선택에 달려 있다. 마지막으로 발명의 대가인 미르 임란의 말로 마무리를 하고자 한다.

"실패는 언제나 함께하는 친구이며, 성공은 어쩌다 찾아오는 손님이다."

열등감에
끌려 다니지 말라

어려서부터 우리 집은 가난했었고 남들 다하는 외식 몇 번 한 적이 없었고, (중략) 그러자 어머님이 마지못해 꺼내신 숨겨 두신 비상금으로 시켜 주신 자장면 하나에 너무나 행복했었어. 하지만 어머님은 왠지 드시질 않았어. 어머님은 자장면이 싫다고 하셨어. ─그룹 G.O.D의 노래 〈어머님께〉의 일부

20대 중반, 세상에 대해 열린 호기심으로 눈빛이 반짝거리는 청춘. 하지만 나에겐 어서 지나갔으면 하는 암흑의 시기였다. 집에 들어가면 빨리 취업하라는 잔소리가 싫어서 숨이 턱턱 막혔다. 더욱 힘들었던 건, 내 고민을 털어놓을 사람이 없어서 감정의 쓰레기가 가득 차올라 외로움과 우울감 때문에 24시간이 고통스러웠던 것이었다.

1교시 행정법 첫 수업에 늦어 허둥지둥 학교에 등교하는 길이었다. 버스 맨 뒷좌석에 앉았는데, 문득 버스 안 라디오에서 G.O.D

라는 그룹이 신곡을 발표했다면서 그 노래가 흘러나왔다. 노래 가사가, 가난하고 그래서 외식은 사치였던 내 현실을 대변하고 있어서 속이 시원했다.

고등학교 때까지 나의 도시락 반찬은 집에서 먹는 반찬과 특별히 다를 게 없었다. 빠듯한 살림에 엄마는 최대한 합리적인 소비를 해야 했기에 도시락 반찬 값까지도 아껴야 했다. 아주 가끔 내가 좋아하는 햄이나 고기 반찬을 해주시면 너무 기뻤는데, 맛있는 반찬이라서 기뻤다기보다 도시락 뚜껑을 열기가 부끄럽지 않아서였다. 그냥 김치 반찬일 때는 친구들 보기가 창피해서 도시락을 싸오지 않았다고 하고 밥과 반찬을 그냥 버리기도 했다. 학창 시절, 가난에서 온 열등감은 나를 그렇게 주눅 들게 했다.

초등학교에 입학하기 전, 할머니와 함께 큰고모 집에서 살 때였다. 어느 날 해가 질 무렵, 교회 종소리가 들리고 밖에서 친구들이 떠드는 소리가 들렸다. 그날 종소리를 들으면서 나는 '저기 친구들처럼 왜 나는 엄마, 아빠와 함께 살지 않지? 아빠는 언제 나를 데리러 오지?'라고 생각하며 엎드려서 한참 외롭게 울었던 기억이 난다.

초등학교 1학년 때, 드디어 아빠와 함께 살게 되어 부산 영도로 이사를 했다. 아빠와 함께 사는 것은 좋았지만, 할머니와 떨어져 살고 새로운 환경에 적응하는 것이 힘들어 야뇨증을 앓게 되었다. 새엄마는 내가 이불에 자주 실수를 하는 것을 보고 병이라고 생각하기보다는 동네 사람들한테 창피를 주거나 호되게 야단을 쳐서 나를 공포감에 질리도록 했다. 그 무렵, 아빠는 사고로 한 쪽 눈을 잃게 되어 시각 장애인이 되셨다. 아버지는 닥치는 대로 열심히 일을 하셨지만, 가난에서 쉽게 벗어나지 못했다. 새엄마는 아빠를 도와 가구점 일을 도우며 살림을 하셨는데, 넉넉지 못한 살림살로 인한 고달픔으로 신세 한탄을 하며 우시던 모습이 아직도 기억에 생생하다. 나는 가난한 집안 형편과 엄마가 새엄마라는 사실이 알려지는 게 싫어서 친구를 잘 사귀지 않았고, 혹시 친구가 집에 놀러 오고 싶어 하면 거절을 못해서 아예 만나지 않았던 적도 있었다. 이런 결핍감은 나를 점점 소극적이고 내성적인 아이로 만들었다.

고등학교 2학년 때의 일이다. 담임 선생님이 수학 선생님이셨는데, 얼굴이 까매서 '흑인'이라는 별명을 가지신 배려심이 깊은 선생님이셨다. 그분은 수업 시작 전, 학생들에게 모두 눈을 감으라고 한 뒤 이렇게 말했다.

"나도 어릴 때 집이 가난해서 힘들었다. 교장 선생님께 얘기해서 한 명만 수업료를 면제받도록 부탁했다. 집안 형편이 어려워 수업료 면제를 받고 싶은 사람은 손들어. 부끄러워하지 말고."

한참 망설이다가 나는 아주 수줍게 손을 들고 말았다. 손을 들고 싶지 않았지만, 아빠 얼굴이 자꾸 어른거렸다. 당시 나 외에 두 명이 더 손을 들었는데, 그들보다 우리 집 형편이 더 어렵다고 판단하신 담임 선생님은 나에게 수업료 면제 혜택을 주셨다. 집에 가서 이 사실을 말하자 부모님은 좋아하셨지만, 나는 왠지 마음이 무겁고 불편했다.

저는 누군가에게, 특히 친구에게 많이 의지를 하는 편입니다. 집착이라고 봐도 되겠지요.

그런데 이 방법은 저도, 친구도 너무 지치게 합니다. 모든 인간관계에서 계산을 하고, 집착을 하고, 질투를 하고, 열등감을 느끼고……. 말하고 보니 저는 정말 자존감이 제로네요. 저는 더 이상 남에게 얽매이고 의존하지 않으면서 제 자신을 사랑해 주고 싶어요.

열등감 때문에 일상생활이 어렵다는 상담 전화를 받았다. 열등감은 사람을 작게 만들고 움츠러들게 한다.

복잡하고 가슴 아픈 현실에서 빨리 벗어나고자, 나는 스물여섯 살의 나이에 서둘러서 결혼을 하게 되었다. 결혼 후 직장 생활을 하며 엄마와 아내로서의 역할을 해야 하는 것이 버거웠다. 결국 잘 해내지 못하고 불면증과 과민성 방광염을 앓게 되었다. 한숨도 자지 못하고 생업에 종사해야 하는 삶을 반복하다 '제대로 살고 싶다'는 생각에 병을 치유하기 위해 애쓰던 중 EFT 심리 치유와 내면아이 치유, 명상 등에 대해 깊이 공부하게 되었다. 그 공부를 통해 병의 모든 원인이 나로부터 비롯되었다는 것을 깨닫게 되었다. 나를 버린 엄마에 대한 증오감을 치유하기 위해 2007년부터 내면아이 심리 치유 과정을 공부하게 되었고, 마음을 정화하며 나를 사랑하는 동안 서서히 몸과 마음이 좋아졌다.

이 경험을 통해 내가 갖지 못한 것, 즉 열등감에 연연하는 것은 쓸데없는 일이라는 것을 깨달았다. 오히려 다른 사람이 가지지 못한 나의 장점인 추진력, 학구열 등을 발휘하는 게 현명하다는 사실을 알게 되면서 처음으로 내가 좋아졌다.

그 후로, 집안이 가난하다는 것, 엄마가 새엄마라는 점, 아버지가 시각장애인이라는 점, 또 그 밖의 아프고 힘들었던 어린 시절의 기억들에서 자연스럽게 벗어날 수 있었다. 나는 점차 나의 주장을 표현할 줄 아는 적극적인 성격으로 바뀌었고, 원하는 게 무엇인지 빨리 파악하게 되었다.

심리학자인 아들러에 의하면, '열등감은 인생에서 경험하는 모든 불완전감과 부족감에서 생겨난다'고 한다. 그래서 열등감에 빠진 사람은 완전성을 추구하려는 목표가 강하고, 이것이 성공의 요인이 되기도 한다. 따라서 열등감이 잠재력을 발달시키는 자극제로 사용되는 고마운 역할을 할 수 있다.

많은 사람들이 열등감 때문에 힘겨운 나날을 보낸다. 지혜롭게 활용할 수 있다면 열등감은 분명히 성공의 자극제가 될 것이다. 그러나 대부분의 사람들은 열등감을 지혜롭게 활용하지 못한다. 열등감을 어떻게 활용해야 하는지 그 방법을 모르기 때문일 것이다.

우리나라 최초의 시각 장애인 박사인 고 강영우 박사는 강연할 때마다 이렇게 말했다.

사람들이 저를 칭찬할 때는 '장애인인데도 성공했다'라고 말합니다. 그런데 그건 틀린 말입니다. 저는 장애를 극복하고 성공한 것이 아니라, 장애인이기 때문에 성공한 것입니다. 이러한 신체적인 약점이 아니었으면, 제 능력으로 부시 같은 미국의 전직 대통령과 어깨를 나란히 하고 활동할 수 있었겠습니까?

장애인이라는 점이 충분히 열등감으로 작용할 수도 있었지만, 그는 오히려 열등감을 자극제로 지혜롭게 활용하여 성공하였다. 그 누구도 열등감을 극복하도록 도와줄 수 없다. 오로지 스스로의 힘으로 노력하여 극복해야 한다.

일요일마다 KBS 2TV의 〈개그 콘서트〉를 즐겨본다. 여러 코너 중 '네 가지'를 가족들과 재미있게 시청했던 기억이 난다. 여기서 각자 자기의 약점인 '키가 작다', '뚱뚱하다', '인기 없다', '촌스럽다'를 웃음으로 드러낸 것이 재미있고 새로워서 다른 코너보다 이 코너를 즐겨 보았다. 사람마다 가지고 있는 약점에 대한 관점을 새롭게 변형시켜 개그 소재로 만들었는데, 재미도 있지만 그런 모습들이 당당하고 자신감 있게 느껴졌다.

자신의 열등감에 끌려 다니지 않는 사람은 언제 어디서나 당당하다. 열등감은 더 이상 고통스러운 짐이 아니기 때문이다. 세상의 주인공은 바로 나다. 세상의 주인이 된다는 것은, 열등감을 활용하여 자신의 삶을 쥐락펴락할 수 있게 되는 것이다. 신이 주신 축복의 선물인 열등감을 자신의 성장에 잘 활용하여, 세상 앞에 당당히 자신을 펼치자.

청춘은
가능성 그 자체이다

나에겐 이런 지인이 있다. 운동하다가 만난 동갑내기 친구인데, 그녀는 늘 입에서 불평거리가 나오고 인상은 찌푸려져 있다.

"날씨가 왜 이러냐? 비가 오려면 오고 말려면 말지, 난 이런 날씨 딱 질색이야."

"돈 낸 게 아깝다. 맛이 형편없어. 다신 이런 데 오지 말자."

"어휴, 이걸 영화라고 만들었나? 지루해 죽는 줄 알았네."

"저 의사는 도대체 무슨 말을 하는지 모르겠어. 의사면 의사다워야지. 저런 평범한 말은 나도 충분히 하겠다."

"저××, 운전 좀 똑바로 하지. 에이, 짜증나."

그녀는 모든 일상생활에서 불만의 요소들을 귀신같이 찾아낸다. 칭찬의 말이라곤 눈곱만큼도 찾기 어렵다. 이런 사람들은 트러블 메이커로 회사에서나 가정에서 불화를 일으킨다. 중요한 건 트러블 메이커가 자신인 점을 눈치 채지 못한다는 것이다.

불평이라는 색안경을 쓰고 현실을 보니 펼쳐지는 현실이 다 불만이다. 이런 사람과 같이 있으면 시간이 잘 가지 않고 불평이 전염되어 듣는 사람의 기분까지 안 좋아진다. 사랑하는 연인과 함께 있으면 한 시간도 1분처럼 느껴지지만, 이런 사람과 있으면 시계가 거꾸로 가는 느낌마저 든다.

우리는 과거와 미래가 아닌 현재에 살고 있다. 현재는 예고 없이 시시각각 변한다. 5분 후에 나에게 어떤 일이 닥칠지 아무도 모른다. 한편으로 보면 재미있는 일이다. 생각해 보라. 나에게 어떤 일이 일어날지 다 알고 산다면 얼마나 지루하고 재미없겠는가.

나는 명품 가방에 관심이 가면서부터 지나가는 여자들의 가방을 유심히 보게 되었다. 그 전에는 가방에 관심도 없었고, 명품이 뭔지도 몰랐다. 그런데 명품 가방에 마음이 가니 그것에 대해 생각해 보게 되었고, 지금은 갖고 싶던 가방의 주인이 되었다. 차를 사고 싶으면 거리를 지나갈 때 사고 싶은 차가 눈에 잘 들어오듯이, 마음의 눈을 통해 사물과 세상을 보게 된다.

불평이 많은 사람들의 마음에는 모든 것을 당연시하는 경향이 있다. 부모님이 건강하신 것이 당연하고, 내가 차를 가진 것이 당연하며, 사람들이 나에게 친절해야 것이 당연하고, 남북 분단 국가임에도 전쟁이 일어나지 않는 것이 당연하다. 부모님이 취직 전까지 나를 보살펴 주시는 것, 애인이 나를 위해 선물을 주어야 하는 것이 모두 당연하다. 이렇게 내 마음이 모든 것을 당연하다는 시각으로 바라볼 때, 내 마음속의 불평도 비례해서 늘어난다. 당연한 일이 내 삶에서 일어나지 않을 때, 예를 들면, 내가 고시생으로서 실패를 거듭하고 있는 동안 집에서 용돈까지 끊어졌을 때 나는 화가 나게 된다. 사랑하는 애인이 생일을 잊고 선물을 주지 않으면 화가 날 뿐만 아니라, 그 일로 헤어질 결심까지 하게 된다.

세상에는 두 가지 부류의 사람이 있다. 하나는 무작정 불평을 토로하는 사람이고, 또 다른 하나는 만족스럽지 않은 상황에서도 행운과 감사의 조건을 찾는 사람이다. 어떤 사람이 돌부리에 걸려 넘어졌다고 치자. 넘어져서 옷은 찢어졌고 무릎이 까져서 피가 난다.

'돌을 누가 이런 데 갖다 놓은 거야?'

처음에는 불특정한 누군가를 원망하고 불평한다. 그러다가 나중에는 내가 왜 이런 일을 겪었을까 생각하며 다른 사람을 탓할 거리를 찾고 만다.

'아침부터 엄마가 나보고 취업하라고 잔소리를 해서 그래. 재수가 없어서 이런 일이 일어난 거야.'

그러면서 엉뚱하게 엄마에게까지 원망과 불평의 화살을 날리게 된다.

반면 어떤 사람은 이 상황에서 감사하고 다행스러운 점을 찾는다.

'다행이다, 그냥 무릎만 까져서. 얼굴까지 다치고 안경까지 부러졌으면 등교도 하지 못할 뻔했는데 너무 다행이네. 무릎만 살짝 다쳐서 고맙다.'

같은 상황이지만, 전자와 후자 어느 쪽이 스트레스를 일으킬까?

사람은 생각을 선택할 수 있다. 이미 일어난 상황에서 내 마음이 편해지고 나에게 도움이 되는 쪽은 후자이다.

인간은 말의 지배를 받는다. 당신의 말은 바로 당신 자신이다. 성공하는 사람은 확신에 차 있고, 긍정적인 말을 많이 사용한다. 반면 성공하지 못하는 사람들은 말에 자신이 없고 불평과 비관적인 말을 남발한다. 가정 폭력 가해자들 500여 명을 집단 상담하면서 느낀 점은 그들이 한결같이 불평과 비난을 많이 한다는 것이었다. 그들의 말을 듣고 있으면 도무지 희망과 감사가 보이지 않는다. 그들은 '화난다, 안 된다, 세상이 쓰레기다, 안 바뀐다, 죽겠다, 돈이 없다, 불공평하다' 등등 부정적인 단어들을 많이 쓴다. '희망이 없다'는 생각에 갇히게 되면, 스스로 일정 수준 이하의 사람에 머물게 된다. 그 결과 자신을 비난하게 되고, 어떤 목표를 세우든 작은 장애물에도 쉽게 포기하게 된다. 가정에서 이런 말을 듣고 자란 아이들은 안타깝게도 자신도 모르게 부정적인 믿음이 심어진다.

말을 하면 말하는 대로 실현시키려는 에너지가 생긴다. 사람은 누구나 긍정적인 사고와 부정적인 사고를 함께 가지고 있다. 긍정적인 말을 하는 사람들은 긍정적인 방향으로, 부정적인 말을 하는 사람은 부정적인 방향으로 기운이 흐른다.

과거에 나 역시 부정적인 말을 내뱉었던 적이 많았다.

"꿈은 부자여야 이룰 것이다."

"실패할 일은 하나마나다."

"다른 사람들은 잘 되는데 나는 왜 이런 걸까?"

이때 꿈을 발견하고 노력하지 않았다면, 나는 내가 했던 부정적인 말대로 작가가 되지 못했거나 내면아이 치유 메신저가 되지 못했을 것이다.

후배 중 늦깎이 취업 준비생이 있다. 그녀는 8년 동안 일한 직장을 그만두었다. 지금은 일본어 공부를 하며 취업을 준비하는데, 번번이 면접에서 떨어졌다. 어느 날, 그녀를 위로해 주기 위해 만났더니 뜻밖에도 불평하지 않고 오히려 나에게 이런 말을 했다.

"나, 면접에서 열두 번 떨어졌어요. 사람들은 나를 보고 안쓰러운 표정을 지으며 나의 선택에 대해 걱정해 주었어요. 그런데 저 기죽지 않을 거예요. 미쳤다고 할지도 모르겠지만, 지금까지 행운이 많았으니까 앞으로도 큰 행운이 오기 위해 이런 과정들이 오는 거라 믿고 있어요."

그날 후배의 표정은 흔들림 없이 단호하고 자신감에 꽉 차 있었다. 나 또한 그녀가 그렇게 되리라 굳게 믿고 있다.

얼마 전, 한 포털 사이트에서 네티즌을 대상으로 '당신이 최고의 MC라고 생각하는 사람은?'이라는 설문 조사를 했다. 그 결과 유재석 씨가 총 응답자 1413명 중 900표라는 압도적인 지지를 얻으며 1위에 올랐다. 그는 1991년 KBS 대학 개그제에 입상하며 데뷔했지만, 막상 콩트나 개그 연기를 하게 되면 몸이 굳는 방송 울렁증이 있어서 큰 임팩트를 주지 못하는 바람에, 데뷔 초기에는 개그계의 주역이 되지 못했다.

유재석 씨가 처음부터 긍정의 아이콘이었을까? 그도 한때 자장면과 함께 탕수육을 시키지 않은 사소한 일로 김용만 씨에게 불평을 하여 싸웠던 경험이 있다고 한다. 그러나 유재석 씨는 동기 개그맨들과 선배들의 충고를 받아들여 점점 자신을 낮추고 상대방을 치켜세우는 겸손함과 끊임없는 노력을 바탕으로 지금의 성공에 이르렀다.

청춘에는 미래가 미확정 상태이기에 도무지 만족할 수가 없다. 하지만 생각해 보라. 아무것도 가지지 않은 청춘이 있을까? 가난한 청춘이라도 젊음은 있다. 직업이 없는 청춘이라면 자유롭게 나만을 위해 사용할 시간이 있다. 따라서 청춘은 불평에 안주해서는 안 된다. 대신 다행과 감사라는 단어를 사용하여 내가 원하는 대로 삶을 이끌도록 하자. 긍정적인 생각은 자신에게 닥친 역경을 회피하는 것이 아니라 맞서 싸우게 하는 힘을 만든다. '나는 뭐든지 할 수 있다. 나는 가능성 그 자체이다!'라고 지금 외쳐보자. 순식간에 자신의 표정이 달라지고 활기와 긍정의 에너지가 샘솟음을 느낄 것이다.

걸림돌을
디딤돌로 만들어라

"할머니, 왜 요즘엔 밥만 줘? 반찬은 하나도 없잖아."
손자가 그렇게 묻자, 할머니는 하하하 웃으면서 대답했다.
"내일은 밥도 없어."
손자와 할머니는 마주보며 소리 내어 웃었다.

《웃음 대장 할머니》의 내용이다. 여기에 등장하는 주인공이자 작가인 시마다 요시치. 그는 히로시마 원자폭탄 피해자인 아버지가 그 후유증으로 일찍 돌아가시자, 아홉 살이 되던 해, 시골의 할머니에게 맡겨져 자란다. 그는 어머니가 히로시마에서 형을 돌보며 일하여 보내오는 얼마간의 돈으로 살아간다. 할머니는 형편이 어려워 집 옆에 흐르는 강에 막대기를 걸쳐 놓고 거기에 걸린 채소를 건져 먹는다. 강 상류에서 채소를 씻다가 떠내려 보낸 것, 조금 상해서 버린 것 등등을 낚아서 반찬을 만들어 먹는 것이다. 할머니가 이런 일을 불평하지 않고 기쁜 마음으로 했기에 손자인 요시치는 어려운 환경에서도 밝고 씩씩하게 자란다.

이 책을 읽으면 가난이라는 상황이 항상 걸림돌은 아니라는 생각이 들었다. 자신이 처해 있는 현실을 어떻게 바라보느냐에 따라 가난은 큰 걸림돌이 될 수도 있고, 디딤돌이 될 수도 있다.

"할머니, 난 한자를 잘 못 써."
"'나는 히라가나와 가타카나만으로도 잘 삽니다' 라고 쓰면 되지."
"그런데 난 역사도 잘 못해."
"역사도 못해?"
여기까지 오자 할머니도 어이없다는 표정을 지었다.
결국 공부하라는 잔소리를 듣겠구나 싶었는데, 할머니는 조금 생각하더니 이렇게 말했다.
"답안지에 '과거에 연연하지 않습니다' 라고 쓰면 되지!"

이 할머니의 초긍정 사고에 웃음이 나왔다. 이 글을 읽다 보니 나도 돌아가신 할머니가 생각났다.

"우리 강아지, 글 쓰는 재주도 있나베. 참 잘했다. 니는 뭐든지 하면 잘 될 끼다."

어릴 때, 나의 꿈은 작가였다. 책을 좋아했던 나는 초등학교 때 '전국 어린이 독후감 대회, 꿈나무 어린이 글짓기 대회' 등에서 상을 받았고, 그때마다 할머니는 이런 칭찬을 하시곤 했다. 가족들 중 유일하게 나의 재능을 칭찬하고 지지하셨던 분이 할머니셨다. 나는 이런 말을 들으면 세상 모든 것을 다 가진 듯 기뻤다. 생후 백일 만에 부모님의 이혼으로 고아 아닌 고아가 되어 버린 나를 안타깝게 여기셨던 할머니께서는 엄마의 사랑이 결핍되었던 나를 무한한 사랑으로 감싸주셨다. 그 덕분에 나는 어떤 상황에서도 웃음을 잃지 않는 긍정적인 사람으로 성장할 수 있었다. 나는 웬만한 일에는 좌절하지 않으시는 할머니의 강한 인내심을 보며 자랐다. 그리고 언젠가는 잘 될 수 있다는 할머니의 가르침 덕분에 어린 시절, 우울한 가정 환경 속에서도 희망의 끈을 놓지 않을 수 있었다.

"할머니, 나는 할머니가 제일 좋다. 할머니 죽으면 나도 같이 죽을 끼다."

그런 말을 하면서 할머니와 함께 달콤한 홍시를 먹으며 행복했던 기억이 떠오른다.

사랑과 관심이 절실히 필요했던 어린 시절, 나는 초등학교 입학 전까지 큰고모 집에서 살면서 고종사촌 언니와 오빠들의 관심과 사랑 속에서 성장할 수 있었다. 언니가 세 명, 오빠가 두 명이었는데, 다들 내가 잘 성장하길 진심으로 바라고 많은 사랑을 주었다. 특히 기영 언니는 내가 초등학교에 입학하기 전, 연필을 함께 잡고 한글을 알려주었고, 학교에 입학한 후에는 아무리 어려운 수학 문제를 들이대도 친절히 가르쳐 주었다. 그리고 아무리 바쁘더라도 내가 부탁한 것은 마다하지 않고 적극적으로 도와주었다. 나는 힘들 때마다 큰고모의 예리한 통찰력과 따스한 지혜를 고스란히 물려받은 기영 언니에게 의지하곤 했다.

결혼 초반, 가끔씩 남편과 의견 충돌이 생길 때면 답답한 마음을 언니에게 털어놓고 하소연하곤 했다. 언니는 내 애기를 진지하게 경청해 주었고, 내가 주관적으로 생각한 부분을 잘 짚어 주었다. 내 평생 그 고마움을 잊지 못할 것이다.

돌이켜 보면, 내 인생에도 걸림돌이 꽤나 많았다. 하지만 내가 할머니의 지극한 보살핌을 받은 것, 친척들의 배려와 지지를 받고 행복한 유년기를 보낸 것, 기영 언니 같은 지혜로운 사람을 만난 것 등은 너무나 큰 축복이다.

성공을 거둔 사람들은 자신의 걸림돌을 어떻게 다루었을까? 음반 3억 8천만 장을 판매해 세계에서 가장 큰 성공을 거둔 팝 가수 마돈나. 그녀는 단순히 팝 가수에 그치지 않는다. 2007년 6월 《포브스》지紙는 세계에서 가장 영향력 있는 인물 가운데 마돈나를 3위로 선정했다. 1958년에 태어난 그녀는 다섯 살에 어머니를 잃었다. 미시간 대학을 중퇴한 그녀는 단돈 30달러를 들고 뉴욕으로 갔다. 그곳에서 웨이트리스로 일하기도 하고, 누드사진 모델로도 일했다. 그녀는 스타가 되기 위해 무슨 일이든 했다. 가수가 된 뒤, 마돈나는 유명해지기 위해 일부러 도발적인 발언을 하기도 했다. 성인 사진집 《섹스sex》가 출간되었을 때는 엄청난 논쟁을 불러 일으켰다. 그녀의 팬들은 모욕감을 느끼고 그녀를 비난했다. 그러나 그녀는 이길 가망도 없는 소모전에서 싸우기보다는, 순순히 패배를 인정하고 순진한 모습으로 공연을 함으로써 주류 팬 층을 달랬다. 또한 그녀는 다른 가수의 노래를 '훔친다'는 비난을 자주 받고 여러 차례 소송에 휘말리기도 했다. 하지만 그녀는 다양한 스타일을 흡수하여 그것을 자신의 노래에 활용하는 시도를 멈추지 않았다.

경청의 달인. 세계적인 화장품 회사 메리 케이 사社의 창업자 메리 케이 애시 회장. 메리 케이는 1963년, 45세의 나이에 여성들을 위한 '꿈의 회사'를 세우기 위해 불과 5천 달러의 자본으로 메리 케이 코스메틱을 설립했다. 그녀는 믿음, 가족, 일에 대한 우선 순위와 조화를 강조하는 인간 경영 철학과 리더십으로 오늘날 메리 케이 사를 세계적인 화장품 회사로 성장시켰다.

메리 케이 애시는 회사 경영 외에 많은 책을 저술한 작가이자 자선 사업가로서 활발히 활동했다. 이런 성공과 달리 그녀의 젊은 시질은 고통스러웠다. 그런 그녀가 어떻게 성공했을까?

미국 텍사스 주에서 태어난 메리 케이는 일곱 살 때부터 병든 아버지를 간호해야 했다. 가정 형편은 대학 진학을 포기해야 할 정도로 절망적이었다. 게다가 첫 남편과의 이혼 후 세 아이의 양육을 책임져야 하는 힘든 상황에 직면해 있었다.

불행은 여기서 그치지 않았다. 그녀는 20여 년간 해 왔던 출판 세일즈 일을 그만두어야 하는 상황에 처했다. 실업자가 된 그녀는 끝없는 좌절감을 맛보아야 했다. 하지만 그녀는 상황에 끌려가기보다 항상 상황을 주도하려고 노력했다.

그녀는 자신만의 사업을 꿈꾸었다. 그리고 몇 년 후 자본금 5천 달러로 새로운 사업을 시작했다. 뷰티 컨설턴트가 고객을 일대일로 만나 제품을 판매하는 전통적인 방문 판매 방식을 취하는 '메리 케이 코스메틱' 사를 설립한 것이다. 지금 메리 케이 애시는 현대의 가장 성공한 여성 사업가의 한 사람으로 꼽힌다.

다른 사람이라면 절망하고 두려워했을 상황에서 그녀는 오히려 기회를 발견해 승승장구했다. 방해물인 걸림돌이 닥쳐오면 두려워하지 않았고, 남들을 따라가는 분위기에 휩쓸리지 않았다. 그녀는 걸림돌을 디딤돌로 만들어 자신만의 길을 당당히 개척했다. 그리고 큰 명성과 부를 얻었다.

나는 지금 여러분이 어떤 상황에 처해 있고, 어떤 무게의 걸림돌 앞에서 힘들어하는지 알지 못한다. 그러나 큰 바위이든 가벼운 모래이든 물에 가라앉기는 마찬가지다. 즉, 무게의 경중과 상관없이 자신이 느끼는 걸림돌의 무게가 무겁고 버겁게 느껴진다면, 그 사람에겐 그것이 힘든 것이다. 다만 내가 자신 있게 말할 수 있는 것은, 지금 나의 걸림돌에 좌절하거나 절망하기보다 디딤돌로 만들기 위해 나아가라는 것이다.

2013년 《포브스》지가 선정한 세계에서 가장 영향력 있는 유명인사 100인 중 한 명인 오프라 윈프리는 이렇게 말했다. 그녀의 말을 가슴 깊이 새겨 보자.

여왕처럼 생각하세요. 여왕은 실패를 두려워하지 않는답니다. 실패는 위대함을 향한 또 하나의 디딤돌이니까요.

끌림과 떨림이
있는 삶을 살라

이성 문제로 상담할 때 "어떤 점 때문에 그 분에게 끌리게 되었어요?"라고 물으면 내담자들은 다양한 대답을 한다. 예를 들면 다음과 같은 경우들이다.

여자 1

그 남자는 지나가는 아기들을 보면 자기도 모르게 활짝 웃음 지어요. 평소에는 시크하고 너무 무뚝뚝한데, 가끔씩 이런 의외의 모습을 보고 '이 사람과 연애하고 싶다'라고 생각했죠.

여자 2

제가 서울에 처음 왔을 때, 영등포역에 이 사람이 나왔어요. 저는 A라는 친구를 만나기 위해 나갔는데, A의 친구로 나온 거죠. 그런데 차 문을 먼저 열어주고 아주 사소한 것부터 저를 배려하는 모습들을 보고 직감했죠. '아, 바로 이 남자다!'

저는 외향적인 성격입니다. 유머 감각이 있어 대화하기 좋아하고 주변에 사람이 많아 늘 약속도 많아요. 예전에 사귀었던 여자들은 내가 바쁜 것에 대해 불만을 털어놓고 이해해 주지 않았는데, 그녀는 사람을 좋아하는 내 성격을 잘 이해해 주고 말하는 것보다 듣는 것을 좋아해요. 내 말에 공감해 주고 조언해 주는 그녀에게 반했죠.

누구나 자신만의 이상형이 있다. 이상형은 다름 아닌 '조건'이다. 집을 살 때 위치, 가격, 평수, 내부 인테리어 등의 조건을 보고 집을 사듯이, 이상형이란 이성에 대한 나의 조건 사항이다. 이것은 느낌이 아니라 머리에서 나온 생각이다. 그래서 결혼을 하지 않은 독신자들에게 물어보면 '이상형을 만나지 못했다'는 대답이 많다.

그렇다면 사람들은 어떻게 이성에게 끌릴까? 이상형을 만나야 끌리는 걸까? 나는 20~30대의 수많은 청춘들을 만나면서 의외로 많은 사람들이 위의 여자1, 2와 남자1처럼 사소해 보이는 것에 반하고 끌린다는 것을 알게 되었다. 끌린다는 것은 이성적인 생각이 아니라 느낌이다. 그리고 연애 고민 상담을 통해 상대방이 자신에게 부족한 점을 가지고 있을 때 호감이 더 생긴다는 것을 알게 됐다.

끌림이 있으면 떨림도 있다. 시간조차도 떨림의 열정은 이겨내지 못한다. 내 나이 서른 살에 처음으로 제주도 여행을 가게 되었을 때, 업무를 미리 마쳐 놓고 가려고 꼬박 일주일 동안 야근을 한 일이 있었다. 그때는 밤을 새워도 피곤한 줄 몰랐다. 며칠만 견디면 내 눈앞에 푸른 제주도 바다가 펼쳐진다는 생각에 정신없이 일했던 기억이 난다. 대학교 1학년 때는 집 근처에 헬스장이 새로 오픈했는데, 미소가 멋진 헬스 트레이너에게 반해 1년 동안 매일 8시, 헬스장에 출근 도장을 찍었던 짝사랑의 떨림도 있다. 태국으로 처음 해외 여행을 갔던 경험, 갖고 싶었던 샤넬 가방을 선물 받았던 날 등 가슴 떨렸던 추억들은 지금도 나를 들뜨게 한다.

나는 이성적 판단보다는 끌림과 떨림을 믿고 행동하는 편이다. 끌림과 떨림은 내 잠재의식에서 나오는 것이기 때문이다. 좋아하는 상대를 보고 마음이 끌리는데, '끌리지 마, 정신 차려'라고 명령해도 심장은 내 말을 듣지 않는다. 이것은 내가 통제하지 못하는 영역이기 때문이다. 느낌은 거짓이 없고 솔직하다. 나는 보통 글 쓰기에 몰입할 때, 처음 보는 내담자를 만나기 5분 전, 강연하기 전 5분간 가슴 두근거리는 미세한 떨림을 느낀다.

끌림과 떨림은 왜 일어날까? 자신이 지금 싫어하는 일을 하고 있다고 생각해 보라. 시간은 도무지 가지 않는 것처럼 느껴지고 가슴은 답답하다. 그러나 좋아하는 일을 하고 있으면 시간이 천천히 갔으면 하고 바라게 된다. 좋아하는 일에 끌리고, 떨리기 때문이다. 즉 끌림과 떨림은 '좋아하는 것'과 관계가 깊다. 좋아하는 일을 하고 있거나 좋아하는 사람과 있으면 끌림과 떨림이 분명히 있다.

세상에는 왜 원하는 일을 하는 성공자들보다 그렇지 않은 실패자들이 더 많은 것일까? 나는 그 이유를, 내면으로부터의 끌림과 떨림을 무시한 데서 찾는다. 끌림과 떨림이 있을 때 울림 있는 선택을 하지 않고, 남들 하는 대로 안전한 것만 좇아 계산적 사고로 선택을 하기 때문이다. 반면, 성공을 이룬 사람들은 자신의 끌림과 떨림을 소중하게 여기고 실행으로 옮긴 사람들인 경우가 많다.

얼마 전, 가수 손진영의 특강을 들으러 갔다. 손진영을 직접 본 건 처음이었다. 그는 짙은 선글라스를 벗고 장난기 많은 웃음을 지으며 강의를 시작했다. 알고 보니 손진영은 부유한 집에서 태어나 연예인이 된 경우가 아니라, 스스로 자신의 재능을 발굴해서 꿈을 키운 남자였다. 주변 사람들은 그의 노래를 듣고 처음에는 가수가 되지 말라고 반대했다고 한다. 하지만 그는 자신이 노래를 할 때 가장 행복하고 열정이 타오르는 것을 느꼈다. 그래서 그는 남의 말을 전혀 개의치 않고 끊임없이 자신의 꿈을 키워 나갔다. 가난, 아버지의 죽음 등 많은 역경 스토리가 있었지만, 그는 그때마다 좋아하는 것을 포기하지 않았고 끌림과 떨림이 있으면 자신을 믿고 무조건 추진해 나갔다. 그가 지금의 성공을 이룰 수 있게 된 원동력은 '마음의 소리인 끌림과 떨림을 믿고 실행한 것'이었다.

세계 최고의 리더십 전문가 존 맥스웰은 《사람은 무엇으로 성장하는가》라는 책을 통해 머리보다 마음의 소리에 대해 이렇게 강조했다.

세계 여행, 대학원 진학, 취직, 생각할 여유 등 무엇을 계획하든 머리의 소리를 듣지 마라. 마음의 소리에 귀를 기울여라. 마음은 최고의 경력 상담가다. 자신이 정말로 사랑하는 일이 무엇인지 아직 정확히 모른다면 계속 탐색하라.

가슴 속 뜨거운 끌림과 떨림이 삶에 어떤 영향을 끼치는지 알고 싶다면, KBS 전 아나운서 손미나의 이야기를 들어 보자. 1997년 KBS에 입사한 그녀는 〈도전! 골든벨〉을 비롯하여 수많은 프로그램을 맡으며 대중의 사랑과 인기를 한 몸에 받았다. 그렇게 8년 동안 앞만 보며 달리던 그녀는 어느 날 자기 자신에게 이런 질문을 던졌다고 한다.

'지금 나는 행복한가?'

그녀는 대학 시절, 어학 연수차 스페인에 간 적이 있었는데, 그때 느꼈던 설렘과 자유, 행복을 잊지 못하고 있었다. 그녀는 결국 회사를 그만두고 스페인으로 떠났다. 그 후 《스페인, 너는 자유다》, 《파리에선 그대가 꽃이다》를 출간하고, '손미나 앤 컴퍼니'를 설립하면서 CEO로의 변신을 선언했다.

2013년, 《여성신문》에 손미나의 인터뷰 내용이 실렸다. 그녀는 자신의 도전을 이렇게 설명했다.

지금 제 인생을 레고로 표현하면 다양하고 특별한 레고 조각 수십, 수백 개를 모은 셈이라고 할 수 있어요. 이제까지는 제 레고들을 다른 이들에게 빌려주기만 했다면, 이제는 주체적으로 레고를 가지고 저만의 무엇을 만들어야 할 때라고 생각했어요. 그래서 제 인생의 테마인 '여행'을 기반으로 다양한 콘텐츠를 기획해 보기로 한 거예요. 자아를 찾는 여행, 여행자를 위한 학교, 여행을 테마로 한 허브 공간, 여행을 통한 사회 공헌까지 정말 기대돼요.

그녀는 남들이 가는 길을 따라가기보다 가슴 속 뜨거운 것을 따라가 보라고 조언한다. 자신의 가슴이 떨리고 끌린다면 도전해야 한다. 당신도 이 말에 동의한다면 떨리고 끌리는 삶에 과감히 도전해 보라. 물론 내가 지금 이대로 행복하고 만족한 삶을 살고 있다면 바꿀 필요가 없다. 하지만 현재의 내 삶이 불만족스럽고 행복하지 않다면, 끌림과 떨림이 빠진 삶이다. 평범하고 낡은 옷을 벗고 자신만의 빛깔에 맞는 옷을 입으면 자신의 강점도 훨씬 도드라져 보인다. 누구나 입는 옷이 아니라, 나에게 꼭 맞는 특별한 옷을 입고 자신이 원하는 삶을 펼쳐 보자. 끌림과 떨림의 신호들은 당신의 삶에 확실한 주파수가 되어 지원 군단이 될 것이다.

5년 후의 삶,
지금의 내가 결정한다

"네가 고양이와 할머니, 그리고 나보다도 더 지혜로울 것 같아? 얘, 괜히 야단법석 떨지 말라구! 우리가 네게 베풀어 준 좋은 일들에 대해서 네 조물주한테 감사하고 살아. 너는 따뜻한 방에서 이렇게 뭔가를 가르쳐주는 분들하고 함께 지내잖니. 하지만 네가 바보라서 주변 상황이 전혀 재미나지 않은 거야."

"나는 넓은 세상으로 나가야겠어요."

안데르센의 〈미운 오리 새끼〉에 나오는 암탉과 오리의 대화이다. 암탉의 현실적인 목소리에 오리는 쉽게 흔들리거나 좌절하기도 한다. 하지만 미운 오리 새끼는 암탉의 충고에 귀 기울이지 않고 자신이 하고 싶은 것을 찾아 나선다. 혹시 당신의 주변에 암탉과 같은 존재가 있는가? 이 책 속의 암탉을 보니, 잠시 나의 청춘 시절이 떠올랐다.

"꿈이 중요해? 우리 집 형편을 생각해 봐라. 작가는 아무나 되는 게 아니야. 너는 장녀이고, 이 집안의 가장이나 마찬가지다. 사람이 하고 싶다고 해서 다 할 수 있는 건 아니야. 꿈은 집이 잘 살게 되었을 때나 생각해 봐라."

작가의 꿈을 갈망하던 나에게 아버지가 하신 말씀이다. 당시 집에는 가압류 딱지가 붙었다. 가뜩이나 좁은 평수의 집에 그런 것들이 붙으니 화가 나고 가슴이 미어졌다. 아빠의 심정은 오죽했으랴! 나는 아빠의 충고를 귀담아듣고, 내 날개를 스스로 접었다. 취업을 앞둔 대학생이었기에 가슴이 뛰는 일을 찾기보다는 빨리 안정된 직장에 취업해 부모님의 한숨을 덜어드리고 싶었다.

꿈을 이루기 어려운 이유 중 하나는, 주변에서 꿈을 응원하는 사람보다 방해꾼들이 한 몫을 하기 때문이다. 그들은 현실과 책임이라는 두 주제로 무장해서 꿈을 따라가는 사람들을 현실적이지 못하고 무책임하다며 종종 비난한다.

그러나 암탉이 오리의 인생을 대신 살아주지 않는 것처럼, 우리의 인생의 주인공은 우리 각자이다. 다행히 미운 오리 새끼는 암탉의 충고를 귀담아듣지 않고 '넓은 세상으로 나가겠다'라는 선언을 한다.

꿈을 이루기 어려운 이유 중 또 다른 하나는, 인생 무대의 주인공이 자신이라고 생각하지 않는다는 것이다. 남을 인생의 무대에 올려놓고 안 된다고 불평하는 것은, 관객이면서 노래할 기회가 없다고 불평하는 것과 같다. 응원군이 없다고 해서 노래를 부를 수 없는 것은 아니다. 결국 성공의 성패는 응원군의 박수보다 스스로 자신에게 얼마나 끈질기게 오래 박수를 보내느냐에 따라 결정된다.

"내 인생은 멋진 이야기다. 그 어떤 착한 요정이 나를 지켜주고 안내했다 하더라도 지금보다 더 좋은 삶을 살지 못했을 것이다."

'동화의 아버지', '어린이들의 영원한 친구' 안데르센의 이야기다. 그는 과거의 가난을 이겨내고, 전 세계 모든 아이들에게 칭송 받는 위대한 동화 작가가 되었다.

안데르센은 덴마크의 오덴세에서 태어났다. 어릴 적 그의 꿈은 유명한 사람이 되어 모두에게 환영 받는 존재가 되는 것이었다. 하지만 그것은 한낱 꿈일 뿐, 현실은 그렇지 않았다. 가난한 그가 당시에 가질 수 있었던 꿈은 오페라 가수나 배우가 되는 것뿐이었다. 그런 그에게 어머니는 기술을 배우라고 말했지만, 그는 꿈을 포기하지 않았다.

그는 열다섯 살 때, 배우가 되기 위해 코펜하겐으로 갔다. 하지만 꿈을 이루지는 못했다. 그 대신 왕립 극장 단장이자 평생의 은인인 요나스 콜린의 도움으로 코펜하겐 대학에서 공부를 할 수 있는 기회를 얻었다.

안데르센은 대학 시절부터 글을 쓰기 시작했다. 그의 글은 누구의 이목도 끌지 못했다. 그러나 그는 사람들이 자신의 작품을 알아주지 않아도 용기를 잃지 않고 묵묵히 글쓰기에 집중했다. 그런 꾸준한 노력 끝에 동화 〈미운 오리 새끼〉, 〈벌거숭이 임금님〉, 〈인어공주〉 등을 발표해 마침내 세계적인 베스트셀러 동화 작가가 되었다.

성공하는 사람들의 공통점은 지금 현재의 모습에 머물지 않고 원하는 모습을 상상하면서 꿈을 향한 노력을 게을리하지 않는다는 것이다.

지금 내 모습은 미운 오리 새끼인가, 백조인가? 현재 백조가 아니라면 지금의 나는 미래를 위해 무엇을 준비해야 하는가?

나는 그 무엇보다 우선 실행력과 자신의 강점을 키우라고 말하고 싶다. 실행하면 성공과 실패는 뒤따라온다. 실패가 없었다는 말의 다른 뜻은 마음껏 시도하지 않았다는 것이다. 사람들은 성공한 사람보다 실패한 경험이 있는 사람의 스토리에 훨씬 공감한다. 그들의 뛰어난 실행력을 보고 용기를 얻기 때문이다.

어느 날, 욕실에서 모기 두 마리를 보았다. 벽면에 나란히 붙어 있는 모양새가 어젯밤 나를 못 자게 했던 그 괘씸한 놈들임에 틀림없었다. 두 마리를 한꺼번에 다 잡고 싶은 욕심에 잠시 고민이 되었다.

'두 손을 뻗어서 다 잡을 것인가, 아니면 한 놈만 잡고 한 놈은 포기할 것인가.'

고민하다가 손을 살짝 움직이는 바람에 그만 두 놈 다 어디론가 날아가고 말았다. 나는 허무하게 놓친 모기들을 보면서 살짝 씁쓸함을 느꼈다.

우리는 살면서 여러 가지 선택의 기로에 선다. 모기를 잡는 하찮은 문제를 놓고도 고민을 하는데, 하물며 인생을 중요하게 가르는 선택의 순간, 어떻게 깊은 고민에 빠지지 않을 수 있겠는가. 특히 두 가지 선택이 다 팽팽히 대립될 때는 피를 말리는 것처럼 결정하기가 힘들다. 예를 들어, 재수를 할지 지금 성적에 맞추어 대학을 들어갈지 고민을 하는 경우처럼 미래를 좌우하는 선택을 할 때는 더더욱 어렵다.

하지만 심각하게 생각해 보아야 할 점은, 망설이면서 결정을 미루는 것은 스스로를 괴롭히는 습관 중의 하나라는 것이다. 물론 정보는 최대한 많이 수집해야 한다. 그러나 정보도 수집했고, 결과가 뻔히 보이는데도 망설이는 것은 두려움 때문이다. 중대한 결정일수록 시간을 끈다고 해서 해결되는 것은 아니기 때문이다. 실행했을 때 벌어지는 수많은 경우의 수를 혼자서 상상하는 것은 에너지를 허비하는 일이다. 보통 이럴 때 벌어지는 상상은 긍정적인 쪽보다 부정적이기 때문에 기분까지 나빠져서 더더욱 마이너스다.

"YESTERDAY YOU SAID TOMORROW(어제 넌 내일부터 한다고 했어)."

미국 최대의 스포츠용품 회사인 나이키의 광고 문구이다. 나는 이 광고를 보고 뜨끔했다. 과거의 나도 실패가 두려워 내일부터 하자는 말을 습관적으로 내뱉었기 때문이다. 반면, 실행력이 뛰어난 사람에게 내일 해야겠다는 망설임은 없다. 내가 만약 글을 쓰는 것을 망설였다면 지금 이 순간 책을 펴내는 기쁨과 행복감을 맛보지 못했을 것이다.

'소셜 네트워크' 대표 박수왕. 그는 연 30억 원 이상의 매출을 올리고 있는 성공한 젊은 CEO다. 박 대표는 대학생 때부터 기숙 학원에 김치를 납품하거나 공연 물품을 유통하는 사업을 시작했다. 그는 자신이 누구보다 가장 잘할 수 있는 일을 하기로 마음먹었다. 사업을 접고 입대했던 그는 군 생활 중에 문득 '책을 내면 어떨까'라는 생각을 했다. 제대 후 그는 군대에서 목표를 이룬 사례를 중심으로 출판 제안서를 작성해 여러 출판사에 보냈고, 마침 한 출판사로부터 출판 제안을 받게 되었다.

그는 《나는 세상의 모든 것을 군대에서 배웠다》를 펴내어 단숨에 베스트셀러 저자가 되었고, 2010년 1월, 인세만 약 1억 원을 벌어들였다. 그는 1억 원 중 절반으로는 빚을 갚고, 나머지 5천만 원으로 지금의 '소셜 네트워크'를 창업했다. 그는 사업을 시작한 뒤에도 피나는 노력을 멈추지 않았다. 그리고 노력 끝에 마침내 연매출 30억 원 이상을 올리는 청년 기업가가 되었다. 그는 자신이 잘하는 분야를 잘 찾아서 과감히 실행한 덕분에 성공에 이를 수 있었다.

그는 한 인터뷰에서 이렇게 말했다.

"하루하루 성취감을 느끼는 것이 즐겁기 때문에 돈을 버는 것은 아직 중요하지 않다. 머릿속으로 그렸던 생각을 행동으로 옮기는 것만으로도 가치 있고 소중한 일이다."

5년 후, 내 인생이 어떻게 펼쳐질지는 아무도 모른다. 분명한 것은 지금의 작은 한 걸음이 모여 미래를 만드는 도로가 된다는 사실이다. 우리는 언제 생을 마감할지도 알지 못하기에 단 한 번뿐인 인생, 최고의 인생을 살기 위해 지금 내딛는 한 걸음 한 걸음이 더 뜻

겁고 힘차야 한다. 5년 후, 멋진 날개를 펼 나와 당신을 위해 스티브 잡스가 말했던 졸업식 축사를 기억해보자.

여러분이 이 지구상에 존재하는 시간은 아주 제한되어 있다. 그러기에 다른 사람의 삶을 살면서 당신의 짧은 삶을 낭비하지 마라. 다른 사람들의 생각에 맞추어 살아가지 말라는 것이다. 당신의 심장 소리와 직감을 따르라! 당신의 심장과 직감은 앞으로 당신이 어떤 사람이 될 것인가를 알고 있다.

제2장

인생이란 내가
만들어가는 드라마다

과거는 나를
지배하지 못한다

과거는 나를 지배하는 것일까?

우리 속담에 '자라 보고 놀란 가슴 솥뚜껑 보고 놀란다'는 말이 있다. 자라를 보고 놀란 기억이 있는 사람은, 그와 비슷한 상황에 처했을 때 현명하게 대처하지 못하고 과거에 실수했을 때와 비슷한 방식으로 문제를 처리하게 된다는 것이다.

내면아이 치유를 해 오면서 내가 확실히 알게 된 사실이 있다. 바로 세상 사람들이 두 부류로 나뉜다는 것이다. 한 부류는 과거에 지배당하여 현재를 살지 못하는 사람들이고, 또 다른 부류는 과거를 극복하고 현재를 사는 사람들이다. 과거를 극복한 사람들은 지금 이 순간을 중요하게 여기며 현재에서 행복을 찾으려 하지만, 그러지 못한 사람들은 과거에 얽매여 현재를 제대로 살지 못한다.

어린 시절, 아버지는 일기를 자주 쓰셨다. 엄마와 다툴 때 차마 하지 못한 마음속 이야기, 자식을 향한 미안함, 신체적 질병으로 인한 고통, 가장으로서의 버거운 역할 들을 아버지는 일기를 통해 토해 내셨다. 고백하건대, 아버지의 일기를 몰래 훔쳐보는 것이 한때 나의 유일하고도 사악한 취미 생활이었다. 가끔씩 '우리 아빠, 작가보다도 글 잘 쓰는데?'라고 생각하며 감동을 받기도 했고, '가족을 위해 이런 깊은 생각도 하시나?' 싶은 내용들이 나와서 아버지의 평소 고집스런 모습을 이해하는 데 도움이 되었다. 하지만 술을 마시고 엄마와 자주 다투거나 경제적 이유로 서로를 비난하는 모습을 보면, '결혼 생활이 저런 것인가?' '나는 아빠 같은 사람이랑 결혼하지 말아야지'라는 마음이 내면에 자리 잡았다.

어느 날, 내담자와 내면아이 치유로 다룬 주제가 '아버지'였다. 내담자는 술을 자주 마시고 도박을 하는 아버지와 생계의 무게로 고달픈 어머니가 자주 다투는 모습을 보며 자랐다. 집 안에 물건들이 깨져 흩어졌고, 그때마다 터져 나오는 엄마의 통곡 소리는 감당해내기가 힘들었다. 어린 내담자는 엄마를 도울 수가 없었고, 그저 이불 속에서 숨죽이고 우는 수밖에 없었다. 모든 사태를 정리하고 엄마가 들어왔을 때, 내담자는 엄마한테 '괜찮아 엄마?'라는 위로의 말조차 할 수가 없었다. 무기력했던 자신에 대한 책망과 어쩔 수 없었던 과거를 수용하지 못한 채 살아가는 것이 그녀에겐 너무나 큰 고통이었다. 과거에 집착하는 것이 너무 싫어서 벗어나고 싶었지만, 성인이 된 지금까지도 꿈속에서 가끔씩 그때의 장면이 떠오르곤 했다. 그녀의 마음속에서는 칠순이 되어 가는 아버지에 대한 애잔하고 불쌍한 감정과 미움의 감정이 교차하곤 했다. 그녀는 167㎝ 키에 48㎏ 몸무게, 매우 여성스럽고 이지적인 외모의 소유자였지만, 한 번도 남자 친구를 사귀어본 적이 없는 모태 솔로였다. 내면아이 치유를 받고 나서 그녀가 이런 이야기를 조심스럽게 털어놓았다.

　　남자와 썸 타는 관계까지는 가는데, 그 이상 진전이 없어요. 남자들에게
서 아빠의 모습들이 보이거든요. 사람들에게 함부로 하고 자신만 아는 이
기주의자의 모습이 정말 싫은데, 그런 남자들과 썸을 타게 되어 가까이 다
가오려는 낌새가 보이면 제가 선을 그어 놓고 오지 못하게 해요. 또 아빠
처럼 술을 자주 마시는 남자를 보면 불안하고 걱정이 되어 사귈 수가 없어
요. 그래서 전 연애가 제일 어려워요.

　　내면아이란, 과거 속에서 상처 받고 있는 아이를 말한다. 아버지
에게 상처를 받았던 내면아이는 늘 두려워한다. 즉, 아빠 같은 남자
를 만날까 봐 무서운 것이다. 이렇듯 과거는 이미 지나갔지만, 사람
들은 죽은 과거 속에서 현재를 사는 경우가 많다. 아빠의 잔소리를
많이 듣고 자란 딸은 남편이 조금만 잔소리를 해도 민감하게 반응한
다. 문제는 남편의 '잔소리'보다 자신의 '상처'이다. 그 상처를 인정
하고 치유하면 문제는 해결된다. 하지만 '나는 아무 잘못이 없는데
저런 남편을 만나다니, 나는 참 운이 없다'고 하면 자신만 힘들어지
고 해결책은 없다. 상처를 치유하기 원한다면, 먼저 상처가 있다는
사실을 솔직하게 인정해야 한다.

　　전문 상담사를 찾아가거나 정신과 의사를 찾는 것은 자신의 상처
에 솔직한 행동이다. 감기에 걸린 것을 부끄러워하거나 창피해 하
는 사람이 없듯이, 정신적인 문제에 대해서도 부끄러움을 내려놓아
야 한다. 나아가, 좀 더 솔직해지고 자신을 위해 용기를 내야 한다.

과거는 말 그대로 지나간 시간이다. 과거를 떨쳐버리지 못하면 과거에 지배당하여 살게 된다. 내가 붙잡을 수 있는 것은 과거가 아닌 지금 이 순간이다.

미국의 많은 젊은이들이 우상으로 받드는 스티브 잡스. 그는 스무 살에 세계 최초로 개인용 컴퓨터를 개발하여 스물다섯 살에 백만장자가 되었다. 1955년, 샌프란시스코에서 미혼모의 아들로 태어나 후에 잡스 부부에게 입양된 그는 어려서부터 공격적이고 고집스러우며 산만한 아이였다. 하지만 그는 도전정신이 강했을 뿐 아니라, 한번 목표를 세우면 반드시 이루고야 마는 성격이었다. 그는 애플을 주식회사로 발전시켜서 상장하자마자 백만장자가 되었으나, 자기중심적이고 독단적인 성격으로 인해 자신이 설립한 회사에서 30대의 나이에 쫓겨나고 말았다. 그러나 그런 수모를 당했음에도 불구하고, 그는 자신의 처지를 비관하며 좌절하지 않고 더욱 노력하여, 다시 세계 최초로 3D 애니메이션 〈토이 스토리〉와 아이맥, 아이팟으로 화려하게 재기하는 성공 신화를 창조하였다. 그는 자신을 내쫓은 애플 컴퓨터를 비난했던 과거에서 벗어나 피나는 노력을 기울여 더 큰 성공을 이룰 수 있었다.

스티브 잡스는 스탠퍼드 대학원 졸업식 축사에서 이렇게 말했다.

죽음은 우리 모두가 공유하는 종착점입니다. 그리고 누구도 거기에서 벗어날 수 없습니다. 그렇기 때문에 우리는 인생을 더욱 열심히, 최선을 다해서 살아야 합니다.

과거에서 벗어나 포기하지 않고 시련을 뛰어넘어야 성공할 수 있다는 것을 보여주는 말이다.

"과거의 기억이 네게 기쁨을 줄 때만 과거를 생각하라."
〈오만과 편견〉을 쓴 영국의 여류 작가 제인 오스틴의 말이다. 과거에 집착하는 사람들은 과거를 탓하면서 바꿀 수 없는 상황을 반복해서 생각한다. '그 일이 일어나지 않았어야 했는데⋯⋯', '그 사람 때문에 내 인생 망쳤다'는 생각에서 벗어나야 한다. 대신 '그 일은 어쩔 수 없는 것이었어. 충분히 좋은 교훈을 얻었고, 이를 받아들이겠다'라고 담대하게 여겨야 한다. 그럴 때 상처 투성이였던 과거는 더 이상 나를 지배하지 못한다.

과거는 과거일 뿐이다. 과거에 무슨 일이 있었는지는 아무런 문제가 되지 않는다. 단, 나 자신이 문제 삼을 때 문제가 되는 것이다. 지금의 내 상황을 남 탓이나 환경 탓으로 돌려서는 안 된다. '부자 부모가 아니라서, 몸이 허약해서, 안 예뻐서, 성격이 안 좋아서, 스펙이 없어서⋯⋯'라고 말하지 말자. 지금 필요한 건 힘들었던 과거에서 한 발을 내딛는 힘이다. 엎질러진 물은 돌이킬 수 없다. 기억해야 할 점은 과거가 나를 지배하지 못한다는 믿음이다. 되돌릴 수 없는 과거의 상처는 치유하고, 멋지게 현재를 지배하는 '나의 주인'이 되자.

방황은 더 나은 삶을 위한
몸부림이다

어느 날 오전에 수협은행에 갔다. 안 쓰는 통장들이 많아서 정리하기 위해 갔는데, 은행 직원이 서류를 찾다가 예전에 내가 대학교 다닐 때 썼던 기록을 보여주었다.

"스무 살 때 사진이네요. 부산 부경대학교 다니셨나 봐요?"

9686009. 내 학번을 본 순간 어딘가 처박아둔 앨범처럼 잊었던 청춘의 기억이 새록새록 되살아났다.

스무 살, 내가 원하는 기대 이상의 대학은 아니었지만, 그래도 첫 입학식 날 너무 행복했다. 지금 생각하면 촌스럽지만, 과감한 색깔의 립스틱을 진하게 바르고 눈 화장도 해보았다.

'혹시 알아? 오리엔테이션 때 운이 좋아서 캠퍼스 커플이 될지?'

재미있는 상상을 하며 학교 출입문에 들어섰다. 푸른 잔디밭. 고등학교 운동장과는 다른 멋스러움과 여유가 느껴졌다. 교복을 입고 서두르는 여학생들이 아니라, 팔짱을 낀 다정한 연인들이 눈에 띄었다. 드디어 행복 시작이구나. 나는 이날 설레었던 경험을 잊지 못한다. 왜냐하면 나는 상상했던 것처럼 입학 첫 날, 나의 첫사랑을 만나게 되었으니까!

내가 입학한 학교는 원래 부산 수산대학교였다. 이름이 참 세련되지 못했다는 생각에 원서 넣기가 더욱 싫었다. 하지만 담임 선생님은 내가 이 학교에 들어가면 좋은 점들을 설명해 주셨다.

"수산대는 부산에서 괜찮은 국립 대학교다. 니가 조금만 성적 관리를 하면 학비 때문에 큰 걱정 안 할 끼고. 서울에 있는 사립 대학교 가면 학비가 너무 비싸다 아이가. 사립대 가고 싶어 하는 니 마음은 알겠는데, 니네 집 사정 뻔히 아는데 힘들 끼다. 여기 가면 니 성적이 괜찮아서 어쩌면 들어갈 때 장학금 받고 들어갈 수도 있을 끼다. 현실적으로 생각해 봐라. 그리고 니 지난번에 꿈을 검사라고 적었드만. 검사가 되든 판사가 되든 일단 법학과에 가야 되니깐 내 말 믿고 가봐라."

고3 수능 시험 후 원서 지원을 할 때, 담임 선생님이 해주신 말씀이다. 내 형편을 잘 아시는 선생님은 향후 취업까지 생각해서 현실에 맞게 조언을 해주셨다. 인문계 졸업생 90%가 논다는 '인구론', 취업 동아리도 시험을 봐야 간다는 '동아리 고시' 등 청춘을 우울하게 만드는 요즘의 취업 시장처럼 예전에도 취업이 만만하진 않았다. 당시 따뜻한 조언을 해 주신 담임 선생님께 늦었지만 지면으로나마 감사의 마음을 표하고 싶다. 나는 선생님의 추천에 따라 국립 대학교인 수산대에 지원했다.

1996년 봄, 수산대학교는 대학교 통합 정책에 따라 부산공업대학교와 통합하는 산통을 겪었다. 부산공업대에 비해 높은 성적으로 입학한 수산대학교 학생들은 시위를 하고 통합을 격렬하게 반대했다. 아무것도 모르는 나도 선배들을 따라 시위에 참가해 보았다. 하지만 학생들의 바람과 달리 1996년 수산대학교는 부경대학교로 통합되었다.

당시 1학년이었던 나는 사회적 분위기나 정치에 둔감했다. 학교 구내 식당의 밥이 어떤 게 맛있는지, 남자 친구와 어떻게 하면 더 오래 같이 있을 수 있을지 정도가 당시 내가 가진 고민들이었다.

그러나 학교가 통합된 이후, 선배들의 대화 속에 깊은 한숨과 무력감이 숨어 있다는 것을 알게 되었다.

'대학에 가면 행복한 일만 있을 줄 알았는데 아니구나.'

그 시기 동기들과 몇몇 선배들이 통합의 분위기에 휩쓸려 방황하고 있었다. 어떤 학생들은 학교를 그만두고 다시 수능 시험을 치기도 했고, 어떤 학생들은 편입을 준비하기도 했다. 그런 분위기 속에서 나도 방황의 스위치를 누르게 되었다. 수업에 가기 싫어 혼자 만화방이나 도서관에서 할 일 없이 시간을 죽이기도 했다. 그러면서 부정적인 생각들이 내 뇌를 점령했다.

'나는 왜 대학교 입학 후에도 쉴 새 없이 아르바이트를 해야 하나.'

'남자친구가 지금은 데이트 비용을 다 내지만, 곧 지쳐서 헤어지자고 할 거야.'

'나한테 희망이 있을까. 부모님은 가난하고 아프신데, 나는 취업을 한다 해도 결코 이 가난을 못 벗어날 거야.'

암 같은 중병보다 더 무서운 것이 부정적인 사고이다. 부정적인 사고는 용기보다 두려움을 주고, 희망보다 절망을 갖게 한다. 나의 그런 모습을 걱정하던 친구들과 선배들도 처음에는 위로를 했지만, 시간이 지나자 나를 슬슬 피했다. 어느 날, 혼자 도서관에서 여느 하루처럼 멍하니 창밖을 바라보고 있는데, 어떤 사람이 이야기 좀 하자며 나를 불러냈다.

"저 기억하시나요? 예전에 학생한테 학생증 빌렸던 사람이에요."

그러고 보니 일 년 전에 도서관 여자 화장실에서 마주쳤던 기억이 났다. 그녀는 의사 고시를 준비하는 의대생이라고 자기를 소개한 뒤에, 집이 우리 학교와 가까워 도서관을 이용하고 싶은데 학생증이 없어서 들어갈 수 없다면서 나에게 학생증을 빌려달라고 했다. 그녀를 처음 보는 데다가 학생증을 빌려주면 당장 내가 불편을 겪게 될 터라 망설여졌지만, 절박해 보여서 도와주고 싶었다. 그래서 나는 의심 없이 그녀에게 학생증을 빌려주었고, 시험 합격을 응원했다. 그녀는 고마워하며 나중에 꼭 연락하겠다고 했고, 그리하여 우리는 서로 연락처를 교환한 후 헤어졌다.

"학생 덕분에 나 시험에 합격했어요. 그때 나를 믿고 빌려 줘서 너무 감사해요. 나는 그때 시험 준비를 하느라 지치고 힘들었는데, 처음 본 나에게 선뜻 학생증을 빌려주고 시험 준비 잘하라고 웃으며 응원해 줘서 희망이 생겼어요. 이제 나 산부인과 오픈했으니까 놀러오세요. 그리고 내가 도울 일 있으면 언제든지 얘기하구요."

나는 그녀와 이렇게 다시 만날 거라고는 생각지 못했다. 그녀는 나에게 진심으로 감사의 마음을 표현하면서 맛있는 식사를 사주고 명함과 함께 향수를 선물했다. '내가 누군가에게 희망이 되었다니……'. 나도 성공하면 이런 모습이 되고 싶다'는 생각이 들었다. 그동안 나를 중독되게 했던, 절망감과 무력감을 만들어 냈던 부정적인 생각들은 어느 새 마법처럼 사라졌다. 그날부터 나는 방황을 접고, 작은 일에도 깔깔 웃는 장난기 많은 대학생으로 되돌아갔다. 내 청춘 시절 그 여의사와의 만남은, 나의 방황을 접게 한 한 줄기 희망의 빛이 되었다.

최고의 기타리스트이자 락의 전설인 김태원. 재력가 집안에서 3남 2녀 중 셋째로 태어나 유복하게 자랐다. 하지만 초등학교 입학 후, 아버지의 사업 실패로 가세가 급격하게 기울었다. 학창 시절, 그는 희망 없는 아이였다. 초등학교 1학년 때, 잘 씻지 않고 숙제를 안 해 왔다는 이유로 담임 선생님으로부터 칠판 앞에서 교실 끝까지 몰리면서 수도 없이 뺨을 맞았다. 그때 그는 정신적으로 큰 상처를 받았다. 학교에서는 왕따였다. 학교에 가기가 싫어서 담벼락을 돌면서 배회하다가 학교가 끝나는 시간에 맞추어 집에 들어가곤 했다. 그는 그 상처 때문에 학교에 가기가 죽기보다 싫었다고 한다. 이후에도 그는 성적이 바닥이었다. 하지만 중3 때 우연히 기타를 치게 된 그는 기타 연주의 매력에 빠졌다. 그는 1985년, '희야'로 가요계를 평정했다. 그가 작곡한 곡들은 대중들의 감성을 움직여 큰 인기를 끌었다. 하지만 2년 후, 그는 부활 2집을 발표하고 대마초 사건에 연루되어 구속됐다. 출소하자, 그가 언제 인기가 있었냐는 듯 현실은 냉랭했다. 그는 외로움과 절망에 빠져 술에 취해 길거리에서 잠을 자기도 하면서 폐인처럼 살았다. 그러면서 두 번의 감옥살이와 정신병원 입원, 건강 악화, 후배들의 배반 등으로 온갖 고초를 다 겪었다. 그는 당시 죽을 만큼 고통스러웠다고 한다. 하지만 그 방황과 고통을 가족에 대한 사랑과 자신에 대한 믿음으로 이겨냈다.

'실수 투성이이고 못나고 어리석은 내 모습도 모두 나의 일부이다.'

'한심하고 절망스러운 과거도 모두 내 인생이다.'

'이 모든 것이 지금의 나를 만든 것이다.'

그는 자신의 과거 실수에 대해 누군가를 탓하지 않고, '해서는 안 될 일이었고 경솔했다'고 인정했다. 그러면서 청춘들에게 자신의 과거를 미래를 위한 밑거름이라 생각하며 현실을 사랑하라고 자신 있게 강조한다. 2011년, MBC 〈무릎팍 도사〉에 출연한 김태원은 힘들어 방황하는 청춘을 보면 이렇게 생각한다고 한다.

'저 사람은 불쌍한 사람이 아니라, 오래 전의 나다. 과거의 나다.'

'우리는 각자 따로가 아니다. 그냥 하나다.'

그는 방황하고 있는 사람들을 보면 힘들었던 과거의 자신처럼 느껴져 공감을 하게 된다고 한다. 그런 그였기에 〈위대한 탄생〉에서도 구세주처럼 오디션에 떨어진 사람들을 끌어주는 멘토의 역할을 할 수 있었던 것이다.

위대한 기타리스트 김태원이 방황과 부활을 수없이 반복했던 것처럼, 우리 인생에도 방황과 부활이 주기를 이루며 반복된다. 지금 내가 방황을 하고 있다면, 그것은 미래의 부활을 위한 몸부림이다. 부활이 있으면 방황의 시기도 다시 온다. 그러니 방황을 싫어하고 거부할 이유가 없지 않은가? 나와 당신에게는 방황할 자유가 있다. 특히 당신이 청춘이라면 새싹을 틔우는 봄처럼 방황하기에 가장 이른 시기다.

과거에 방황하면서 고민했던 생각과 경험들은 지금의 나에게 보석 같은 재산이다. 지금 방황하고 있는가? 결코 주눅 들지 말라. 방황은 더 나은 삶을 위한 몸부림이다.

습관이
나를 만든다

처음에는 사람이 습관을 만들지만, 그 후로는 습관이 사람을 만든다.

영국의 시인, 존 드라이든의 말이다. 습관이 그만큼 중요하고 무섭다는 것을 의미한다.

얼마 전, '비폭력 대화법'을 주제로 의사소통 강의를 했다. 주제에 들어가기 전, 자신에게 폭력적인 대화 습관이 있는지 점검했다. 대부분의 사람들은 자신의 과거 언어 습관이 폭력적이었다는 사실을 처음으로 알고 놀란다. 다음 대화는 강의 중 교육생들이 작성한 폭력적인 언어 습관이다.

"똑바로 해. 그것도 못하냐?"
"네가 할 줄 아는 거 뭐가 있어? 그럼 그렇지."
"네가 그러고도 애인이니? 명품도 못 사주면서."

"그렇게 할 거면 당장 헤어져."

"이제 그만해. 네 얘기 들어봤잖아."

"나만 이기적인가? 자기도 마찬가지면서?"

보통 폭력적인 언어 습관은 위와 같이 비난, 경멸, 방어, 도피의 네 가지로 이루어진다. 연애 초반에는 1분 1초라도 더 자주 보려고 하다가, 이런 과정을 거치고 난 후에는 대부분 헤어진다.

'우린 정말 뜨겁게 사랑했는데 왜 헤어졌을까?'라는 의문이 든다면, 혹시 이런 과정을 거치지 않았는지 점검해 볼 필요가 있다. 인연이 아니라면 따라오는 이별을 피할 수 없겠지만, 현재 내가 이런 언어를 자주 사용한다면 결혼하고 나서 행복한 결혼 생활을 유지하기가 어려워진다. 위의 대화들은 상대방에게 심각한 마음의 상처를 주기 때문이다. 결혼하고 나면 이런 대화를 습관처럼 편하게 사용하게 되다가 신체적인 폭력으로 이어지는 결과도 종종 보게 된다.

그러나 이런 습관을 당장 바꾸기는 쉽지 않다. 몇 십 년 동안 몸에 길들여졌기 때문에, 그 습관을 바꾸려면 몇 십 배의 노력이 든다. 잘못된 습관을 하나 고치는 것보다 긍정적인 습관을 찾아 길들이는 것이 습관 변화에 유익하다. 부정적인 언어 습관이 있다면, 긍정적인 언어를 자주 쓰면서 몸에 길들여지도록 해야 한다.

주변에 있는 긍정적인 사람들을 자세히 살펴보자. 일단, 그들은 표정이 밝다. 그리고 아무리 힘든 상황이라도 '할 수 있다'라든가 '잘될 거야', '점차 좋아질 거야'라는 말을 사용한다.

국내 최대 기업인 현대 그룹의 창업자 고 정주영 회장. 그에게는 '무에서 유를 창조해 내는 강인한 추진력의 소유자', '통일의 물꼬를 튼 개척자' 등의 수식어가 따라다닌다. 사람들은 그가 해낸 일을 가리켜 '기적'이라고 말하지만, 그것을 기적이라고만 할 수는 없다. 그는 평생 동안 할 수 없다는 생각을 해 본 적이 없고, 자신의 생각을 행동으로 옮겼을 뿐이기 때문이다.

그는 직원들이 "회장님, 그건 도저히 불가능합니다"라고 말하면 오히려 "해보기는 했나?"라고 물었다. 결국 시도도 해보지 않고 포기했던 직원들은 그에게 다시는 불가능하다는 말을 하지 않았다.

그가 항상 했던 말 "해보기나 했소?", "왜 해보지도 않고 처음부터 안 된다고 하시오?"라는 말은, 바로 그를 최고의 기업가로 만든 그의 정신의 표현이었다.

두 번째, 긍정적인 사람들은 상대방의 장점을 어떻게든 찾아 관심을 표현한다.

"강사님 목소리를 들으면 제 마음이 편안하고 기분이 좋아져요."

"강사님의 강의를 듣고 가슴이 뛰었습니다. 어쩜 그렇게 열정이 있으세요? 저도 그런 열정을 가지고 지금보다 힘차게 살고 싶어요."

강사들에게는 강의 후 이런 말을 듣는 것이 최고의 보약이다. 나 또한 이런 칭찬을 들으면 집에 가는 발걸음이 가벼워지고 콧노래가 절로 나온다.

가장 밀접한 관계인 가족 간에도 단점보다 장점에 집중하여 표현하는 것이 중요하다. 미국 최고의 달변가이자 세계적인 기업 GE의 최고 경영자를 지낸 잭 웰치는 어릴 때 말을 심하게 더듬었다. 그는 참치 샌드위치 한 개를 주문해야 하는데, 발음을 제대로 하지 못해 튜나tuna를 더듬어 투 튜나Two Tuna라고 하는 바람에 두 개의 샌드위치를 주문하게 된 일도 있었다. 자기 자신에게 실망한 웰치에게 그의 어머니는 이렇게 격려를 해 주었다.

"너는 다른 아이들보다 생각하는 속도가 빨라 그런 거야. 말을 더듬는다고 주눅 들 필요가 없어. 머리에서 나온 똑똑한 생각을 너의 혀가 바로 따라오지 못해서 그런 거야."

잭 웰치의 어머니는 아들의 단점을 오히려 장점으로 바꾼 발상의 전환을 한 것이다. 어머니에게 교훈을 얻은 잭 웰치는 그것을 훗날 그의 경영 신념 중 하나로 깊이 새겨 두었다.

어떤 사람이 실수를 했을 때 처벌은 최후의 수단이 되어야 하며, 가장 필요한 것은 격려와 자신감이다. 누군가가 좌절하고 있을 때 그를 더욱 꾸짖는 것은 가장 나쁜 행동이다.

세 번째, 긍정적인 사람은 힘든 상황에서도 긍정적으로 생각한다. 심리치료사이자 동기 부여 명강사로 명성을 얻은 숀 스티븐슨은, 태어날 때 손가락과 발가락이 모두 부러져 있었고 팔다리도 이리저리 꺾여 있었다. 골형성부전증骨形成不全症으로 태어난 그를 보고 의사가, '이 아이는 죽는 편이 차라리 낫다'고 말했을 정도였다. 하지만 그의 부모는 모든 뼈가 부러진 채 태어난 아기를 '있는 그대로의 모습'으로 받아들였다. 의사 말처럼 아이의 뼈는 200번도 넘게 부러졌다. 이 상황에서 그의 부모가 남달랐던 점은, 아이에게 생각을 선택하는 점을 강조하며 가르쳤다는 것이다.

"네가 할 수 있는 것만 골라 실행해 보렴. 할 수 없다는 생각들은 시간 낭비란다."

초등학교 3학년 때까지 자란 키가 90센티에서 멈춰버린 그가, 만일 할 수 없다는 생각으로 자신의 머릿속을 가득 채우고 살았다면 어떻게 되었을까? 아마 부정적인 생각들은 그를 생존하기 힘든 상황으로 몰아갔을 것이다. 부모의 말대로 그는 힘들 때마다 긍정적인 생각만 선택했다. 그는 자신을 남과 비교하지 않고 자기 고유의 잣대로 '내가 할 수 있는 것은 무엇인가?'만을 생각하며 살았다. 그는 지금 이 세상 누구보다 행복한 남자로 살아가고 있다.

사람은 누구나 긍정적인 사고와 부정적인 사고를 모두 가지고 있다. 다만 어느 쪽의 생각을 선택하느냐에 따라 습관이 달라지고 미래가 좌우된다. 나 역시 과거에 부정적인 사고를 많이 했다. 20대 시절, 작가가 되고 싶었지만 더 가난해지는 것이 두려워서 세상을 원망하며 포기했다.

당시 내 머릿속에는 '꿈이 이루어지려면 집에 돈이 많아야 되는데 우리 집 형편은 엉망이고, 나한테 꿈은 사치일 뿐이야'라는 부정적인 생각으로 가득 차 있었다. 이런 부정적 사고는 '세상은 부자들을 위한 세상이다. 불공평하고 희망이 없다'라는 생각을 낳았다. 그래서 부자들이 어떻게 부를 이루고 성공했는지 배우려고 하기보다는 비판하거나 시샘했다.

만약 20대 시절, 내가 긍정적인 사고로 똘똘 뭉쳐 있었다면 지금의 나는 어떻게 되었을까? 지금보다 훨씬 빨리 꿈을 이루었을 것이다. 38세가 되었던 2014년 9월, 나의 첫 책인《사는 게 더 즐거워지는 40가지 위시 리스트》가 출간되었을 때, 나는 처음으로 작가로서의 기쁨을 맛보았다. 그 기쁨은 다른 어떤 기쁨에 비교되지 않을 정도로 절대적인 기쁨이었다. 비로소 나는 알게 되었다. 꿈을 이루는 데 중요한 것은 그 어떤 조건이나 상황보다 '어떤 역경이 있더라도 나는 할 수 있다'라는 긍정적인 생각이라는 것을. 또한 긍정적인 생각에서 나오는 긍정적인 말을 내뱉는 게 중요하다. 말은 곧 에너지이기 때문에 선순환되어 나에게 긍정적인 생각을 심어 준다. 만약 당신이 지금 시련과 역경으로 인해 지쳐가고 있다면, 긍정의 말과 긍정적 생각을 습관 삼아 다시 힘을 내라고 조언하고 싶다.

세상에서 가장 강한 힘은 긍정적인 습관의 힘이다. 긍정적인 습관은 시련과 역경을 견딜 지혜를 주기 때문이다. 습관은 나를 만든다. 긍정적 습관은 어떠한 역경도 뛰어넘을 수 있는 단단한 나를 만든다. 이런 긍정적 습관을 가진 당신은 반드시 성공과 행복을 거머쥘 것이다.

공부가 연애보다
더 달콤하다

누군가와 연애하면 이렇게 주변에서 물어보게 된다.

"너 요즘 달라졌어. 좋은 일 있니?"

사랑하면 사소한 일에도 잘 웃고 잘 웃어서 더 예뻐 보이고 잘생겨 보인다. 실제로 사랑을 하게 되면 뇌에서 도파민, 옥시토신, 엔도르핀 등의 호르몬이 분비되어 기분을 더 좋게 하고 건강에도 유익하다고 한다.

사랑하는 사람과는 같이 손잡고 아이스크림만 먹어도 웃음이 터지고 아이처럼 즐거워진다. 연애는 설렘과 행복감을 주는 최고의 묘약이다. 연애 속에서 이루어지는 사랑은 카푸치노 커피보다 더 달콤하고 매력적이기 때문이다. 커피숍에서 글을 쓰다가 알콩달콩 연애를 하는 커플들을 자주 보게 되는데 그 재미가 쏠쏠하다. 그때 내 옆자리에서 첫돌을 갓 지난 듯한 아기들을 데리고 모처럼 외출한 것으로 보이는 초보 엄마 세 명이 모여 수다를 떨고 있었다.

"이젠 남편을 봐도 전혀 설레지 않고 아기 보는 재미로만 살아.

그런데 가끔 이런 내가 너무 우울하다."

"너만 그래? 나도 똑같아. 맘 같아선 애인이라도 만들어서 연애라도 하구 싶어."

"누가 너 같은 아줌마 좋아한대? 괜히 불장난 하지 말구 애나 잘 키워."

결혼은 했지만 공통적인 관심사는 연애였다. 결혼하기 전 그녀들을 행복하게 하고 설레게 했던 경험들이 있기에 아쉬운 마음으로 하는 수다였다. 내가 그 자리에 끼었다고 해도 백 번 공감했을 것이다. 그럼 연애만큼 설렘을 주는 달콤한 놀이는 뭐가 있을까? 아니 더 재미있고 달콤한 놀이는 없을까?

"나는 공부하고 준비할 것이다. 그러면 언젠가 나의 기회가 찾아올 테니까."

링컨 대통령이 어린 시절에 한 말이다. 저절로 오는 기회와 만들어 나가는 기회를 둘 다 잡으려면 평소 꾸준한 공부와 준비가 필요하다는 것이다. 이런 목표를 가지고 하는 공부는 특별한 의미가 있기 때문에 재미도 있고 몰입도가 높다. 이것은 오로지 자신을 위해서 준비하는 과정이기 때문에 곧 자기 사랑의 과정이라고 할 수 있다. 따라서 공부란 남을 사랑하는 연애가 아니라 자기를 사랑하는 특별한 연애가 되는 것이다.

연애의 과정이 마냥 달콤하지만은 않다. 연인이 내 말을 들어주지 않을 때도 있고, 단점이 보여 실망할 때도 있다. 사소한 말 한마디 때문에 마음을 다치고 좌절하여 펑펑 울 때도 있다. 괘씸해서 헤어지고 싶은데 헤어지지 못해 답답할 때도 있다. 나는 명품을 선물했는데, 상대방으로부터 저가의 선물을 받고 쓴웃음을 지을 때도 있다. 하지만 공부는 자기 사랑이기 때문에, 그 결과에 실망하거나 노여워하거나 울지 않는다. 공부란 시간을 투자하는 만큼 노력한 것이 쌓이기 때문에 자기 자신을 명품으로 만드는 진정한 투자다.

대학에 들어가기 전에는 공부가 절실하게 필요하므로 원하지 않더라도 좋은 직장이나 학벌을 위해서 의무적으로 하게 된다. 절실해서 공부를 하기는 하지만, 영어 책과 수학 책을 보며 신이 나는 경우는 흔하지 않다.

진짜 공부는 대학을 졸업하고 스스로 선택해서 하는 공부다. 공부에 빠져들어 느끼는 재미는 큰 기쁨을 가져다 준다. 내가 좋아서 선택한 일인 만큼 그 분야에 관해 공부할 때는 사랑하는 사람에게 홀린 듯이 집중하게 된다.

내 노트북에는 '공부'라는 폴더가 따로 있다. 새로운 분야에 관심이 생기면 키워드를 간단히 메모해 둔다. 그리고 짬이 나면 그 분야에 대해 깊게 파고든다. 이런 습관은 내 꿈이 생기고 나서 완전히 체화體化되었다.

"꿈이 있다면 포기하지 말고 끝까지 공부하라."

2009년 4월, 전주대학교에서 100여 명의 중학교 선수들을 대상으로 한 축구 클리닉에서 허정무 감독이 한 말이다. 그가 축구가 아닌 공부의 중요성에 대해 언급한 이유는, 중학교 시절까지는 공부와 축구를 병행했지만 고교시절부터는 공부를 소홀히 했던 데서 온 후회 때문이었다. 영어가 서툴러 외국 호텔에서 계란 프라이를 먹고 싶은데 어떻게 말할지 몰라 온몸으로 닭 흉내를 내기도 했다고 한다. 만약 그가 틈틈이 영어 공부를 충실히 해 놓았다면, 먹고 싶은 계란 프라이를 간단히 주문할 수 있었을 것이다.

그는 학생들에게 이렇게 조언했다.

연구하고 공부하는 선수와 그렇지 못한 선수는 시간이 지날수록 실력 차가 커진다. 좋은 선수가 되려면 어릴 때부터 공부하고 연구하는 습관을 길러야 한다. 쉴 때도 TV 개그 프로를 보면서 히히거리거나 컴퓨터 게임만 하지 말고 책, 신문을 읽고 뉴스를 봐라. 하루 5~10분이라도 하루를 진지하게 되돌아보고 반성하는 시간을 갖는 것도 좋은 방법이다.

요즘 외로움이라는 감정 때문에 힘들어하는 사람들이 의외로 많다. 외로움은 어떻게 '함께'라는 연대감으로 채워질까?

저는 26살의 직장 여성입니다. 제가 혼자 자취를 하는데요, 너무 외롭고 공허하고 그래요. 이걸 해결하기 위해 책도 읽고 미친 듯이 먹고 잠자고 인터넷 서핑도 하고 그러지만 외로움이 채워지지가 않아요. 친구들이나 가족들도 다들 바빠서 만날 사람이 없어요. 어떻게 이 외로움을 극복할 수 있을까요? 항우울제를 먹을까도 고민해봤는데 약에 의존하게 될까 봐 망설여져요. 추워서 밖에 나가 운동도 못 하겠고, 뭔가 방법이 없을까요?

살펴본 결과, 그녀는 특별히 관심이 있거나 몰입해서 하는 활동이 없었다. 외로움은 아무나 만나고 미친 듯이 먹는다고 해서 해결되지 않는다. 꿈에 몰두해서 성취의 기쁨을 누리고 같은 관심을 가진 사람들과 공부하며 친교를 맺어 보라. 그러면 자연히 '이 세상에 나 혼자다'라는 고립감이 아닌 '함께 있다'는 연대감을 회복할 수 있게 될 것이다.

꿈이 있는 사람은 절대로 공부를 포기하지 않는다. 공부는 꿈을 이루는 밑거름이 되어 주기 때문이다.

베스트셀러 작가 한비야. 그녀는 25세의 나이에 대학 졸업의 중요성을 느끼고 홍익대 영문과에 들어갔다. 졸업 후 국제 홍보회사에서 근무하다가 1993년부터 7년간 세계 오지를 여행했다. 그 후 국제 활동가로 변신하여 월드비전 긴급 구호팀장을 맡은 바 있다. 그녀는 팀장으로 활동하면서 긴급 구호 분야를 체계적으로 공부해서 보다 전문적인 구호 활동을 펼치고 싶다는 생각에 유학을 결심했다고 한다. 그녀의 말을 들어보자.

"쉰이 넘은 이 나이에 무슨 공부냐 하겠지만, 좀 더 쓸모 있는 구호 요원이 되기 위해서는 꼭 필요한 공부이며, 지금이 이 공부를 해야 할 때라고 판단했기 때문입니다."

구호 단체 일을 그만두고 유학을 가겠다는 그녀의 선언에 가족들을 비롯하여 걱정하는 사람들이 많았으나, 그녀는 꿈 너머의 꿈을 향해 더 깊은 공부가 필요하다고 판단하여 결심을 실행에 옮겼다.

미국의 첫 흑인 대통령 오바마. 그의 어린 시절, 지독한 가난과 인종 차별, 아버지와 어머니의 부재에서 오는 고통은 말로 다 표현하기가 힘들었다. 하지만 그는 열심히 공부함으로써 명문 컬럼비아 대학교를 졸업하고 하버드 로스쿨에 진학할 수 있었다. 그곳에서 변호사 자격증을 취득했고, 그 덕분에 이후 그에게는 많은 기회가 주어졌다. 마음만 먹으면 가장 유명한 로펌에 들어갈 수도 있었다. 그가 하버드 로스쿨을 졸업할 무렵, 항소 법원 재판장이 그를 대법원의 서기로 고용하겠다는 의사를 밝혀 왔다. 그때 그는 대법원 서기로 일하며 고속 승진을 바라볼 기회를 눈앞에 두고 있었다.

그 당시 월 스트리트의 기업들과 대기업이 오바마에게 수많은 러브콜을 보냈다. 공부는 그에게 지독한 가난과 인종 차별, 부모의 부재에서 오는 고통을 다양한 기회와 주류 사회 진입이라는 선물로 보상해 주었다.

오바마의 아내이자 미국의 퍼스트 레이디인 미셸 역시 오바마처럼 불우한 어린 시절을 보냈지만 당당하게 아메리칸 드림을 실현했다. 그녀는 영국 런던의 엘리자베스 개릿 앤더슨 여학교에서 이렇게 말한 바 있다.

"오늘의 나를 만든 것은 교육이다. 나는 수업을 듣는 것, 총명한 학생인 것, A학점 받는 것을 즐겼다."

미셸의 말을 통해 공부야말로 성공하는 인생의 보증 수표라는 것을 알 수 있다. 공부는 가장 공평하고 누구나 승자가 될 수 있도록 도와주는 게임이다.

연애를 누가 억지로 강요한다고 해서 할 수 없듯이 공부도 마찬가지다. 스스로 동기 부여를 해서 자율적으로 찾아서 하는 공부가 진짜 공부다. 자신의 성공을 위해 원하는 공부를 하라. 꾸준한 공부는 성공의 사다리와 같다. 이왕이면 공부가 연애보다 더 달콤하다고 느껴지도록 스스로를 설득하고 노력하길 바란다. 목표를 이루었을 때의 기쁨을 미리 상상하고 도전한다면 당신에게는 반드시 달콤한 결과가 주어질 것이다.

꿈이 있는 사람은
남의 눈치를 보지 않는다

"엄마, 나 머리가 정말 많이 아파. 그런데 내가 표정이 멀쩡하니까 아이들이 자꾸 나보고 꾀병이라고 놀려. 그래서 선생님한테 말안 하고 보건실 가서 자고 왔는데 선생님이 막 혼냈어. 말도 안 하고 어디 갔다가 왔냐고. 엄마, 나 어떡해야 돼?"

두통이 심해 학교에 억지로 간 아들이 서럽게 울면서 전화를 했다. 거의 한 달 동안 두통으로 고생하면서 학교만 겨우 오가던 상황이었다. 병원에서는 MRI 검사 결과 특별한 이상은 없다고 했다. 아들은 심하게 아플 때는 잠깐씩 보건실에서 휴식을 취하며 학교 생활을 버텨냈다. 자주 쉬는 아들을 보고 친구들이 위로는커녕 놀려대어 눈치가 보였고, 급기야 아들은 선생님한테 말도 없이 보건실을 다녀왔던 것이다.

아이들도 이렇게 눈치를 보며 사는데, 어른들은 말할 것도 없다. 내가 하는 선택과 행동은 남과 많은 연관이 있다. 누구나 눈치 없다는 비난보다 눈치 있다는 칭찬을 듣고 싶어 한다.

며칠 전, 한 명문대에 재학 중인 대학생으로부터 이런 고민을 들었다.

사람들과 있으면 그들의 눈빛이나 태도를 너무 의식하게 되고 신경이 쓰여요. 겉으로는 누가 봐도 제가 그런 고민이 있는지 모를 거예요. 직장에서도 집에서도 친구들 사이에서도 똑같아요. 만나는 사람이 조금만 나에게 불편하게 대해도 나를 싫어해서 그렇다고 생각하게 되고요. 그러면 저도 똑같이 그 사람이 미워집니다. 그러다가 그 사람이 저한테 잘해 주면 금세 또 좋아지구요. 이런 제가 정말 싫습니다. 하루하루 사는 게 너무 힘들어요. 저는 좀 당당하게 잘 살고 싶은데 어떻게 하면 좋을까요?

그는 타인과의 관계에 안테나를 높이고 살아가고 있지만, 정작 자신이 뭘 원하는지, 뭘 하고 싶은지 꿈이 없는 상태로 살고 있었다. 어린 시절 부모님의 이혼으로 조부모 밑에서 자란 그는, 가부장적인 할아버지의 엄한 훈육의 결과로 불안감과 낮은 자존감을 소유하고 있었다. 그는 쉴 새 없이 남의 눈치를 보고 남의 비위를 맞추고 상대방이 기분 나빠 할까 봐 전전긍긍했다.

나는 그에게 자신이 하고 싶은 것을 생각해 보고 꿈을 찾도록 조언했다.

"제가 하고 싶은 것이요? 그게 가족들이 싫어하고 당장 돈이 되지 않아도요?"

그는 꿈을 꾸는 것조차 두려워하고 있었다. 이런 꿈을 누군가에게 허락 받고 승인 받기 전에는 단지 생각만 하는 것만으로도 어려움을 겪고 있었다. 그가 너무 안쓰러웠다. 그동안 얼마나 힘들었을지 충분히 공감이 갔다.

현재 나는 내면아이 치유 심리 상담, 가족 회복 강연, 독서 코칭 등으로 바쁘게 살고 있지만, 청춘 시절에는 그저 시간이 흘러가는 대로 사는 혼돈 그 자체였다. 집안은 가난했고, 병들고 연로하신 부모님한테는 기댈 수 있는 상황이 아니었으므로 어떤 결정이든 나 스스로를 믿고 밀고 나가야 했다. 그러다 보니 실수도 많고 실패도 많았다.

그럼에도 불구하고 다행인 것은 나에게는 꿈이 있었다. 그렇게 해서 탄생한 꿈이 '베스트셀러 작가', '동기 부여 강연가', '내면아이 심리 치유 전문가'였다. 나는 내 꿈을 실현하기 위해 주말과 공휴일에는 무조건 서점과 워크숍 장소로 달려갔다. 내 꿈과 관련된 책을 보며 꿈이 실현되는 상상을 했다. 특히 자기계발서와 심리 치유 관련 서적을 읽고 메모하여 철저히 응용했다. 그 결과 나만의 심리 치유 매뉴얼을 만들 수 있었고, 꿈을 이미 이룬 것처럼 느끼고 행동할 수 있었다.

시련과 실패의 조건들 속에서도 내가 꿈을 향해 달릴 수 있었던 것은, 그 꿈이 이루어진다는 믿음이 있었기 때문이다. 내가 꿈을 향해 달려온 지난 세월 동안, 내게 꿈을 이룰 수 있을 것이라고 얘기하거나 응원해 준 사람은 아무도 없었다. 하지만 나는 내게 분명 남들보다 뛰어난 강점들이 있고, 그것을 발휘하면 성공할 것이라는 확신이 있었다. 강점 검사를 해보니 나는 공감 능력, 감사, 학구열, 감상력이 뛰어난 것으로 나왔다. 이런 강점들은 내면아이 치유 상담을 할 때 적극 발휘되었고, 이런 요소들을 타고난 것에 감사했다.

나는 그동안 성공한 사람들의 성공 비법들을 관찰해 왔다. 그들이 성공한 것은 부자 부모가 있어서, 혹은 실패를 겪지 않아서가 아니었다. 그들에게서 배울 수 있는 공통점은, 아무리 가혹한 상황일지라도 꿈을 향해 도전하고, 집중하고, 반드시 밝은 미래가 온다는 믿음을 놓지 않는 것이었다.

《희망 수업》의 저자 서진규 박사. 가발 직공이었던 그녀는 43세에 하버드 대학의 박사가 되었다. 결혼 생활이 원만치 못해 미군에 입대하고, 제대 후 하버드 대학에서 박사 학위를 받기까지 그녀는 어떤 역경의 스토리를 겪었을까? 그녀는 지금 많은 이들에게 희망을 주고자 자신의 일생을 담아 책으로 펴냈다. 아무리 힘든 상황에서도 그녀에게 그것을 뛰어넘을 수 있는 힘을 준 것이 바로 '꿈'이었기 때문이다.

나는 무엇보다 목표에서 눈을 떼지 않았다. 박사가 꿈이었고, 거기에 도달하도록 이끈 힘은 차별에 대한 분노였다. 나는 분노를 적극적으로 활용했다. 미군이 된 것은 다분히 충동적이었지만, 차별 없는 평등한 세상을 꿈꾸며 소령에까지 이르렀고, 그 계급에 이르기 위해 온갖 편견에 맞섰다. 그리고 기회가 닿자, 미군보다 더 영향력이 있으리라 판단한 하버드 박사가 되기로 결심했다. 그리고 그 판단은 옳았다. 결국 현재 나는 '희망'을 소재로 말을 잘하는 이야기꾼 중의 한 명이 되었다.

그녀의 피땀 어린 노력들과 인생 스토리들은 모두에게 큰 울림을 준다. 나도 그녀를 보고 꿈 너머 꿈을 가질 수 있었다. 서진규 박사의 책을 읽으면 '당신도 할 수 있다'는 우렁찬 메시지가 들리는 것 같다. 그녀의 성공은 꿈과 목표를 향해서 자신을 믿고 꾸준히 노력하여 얻은 결실이었다.

1968년, 멕시코시티 올림픽 마지막 날, 마라톤 경기가 다 끝난 뒤에 한 선수가 경기장으로 들어왔다. 그는 우승자가 골인한 지 한 시간이 지나서야 도착한 탄자니아의 아쿠아리 선수였다. 그는 경기 중에 부상을 입었지만 피 묻은 붕대를 감은 채 완주를 해낸 뒤 이렇게 말했다.

"제가 이렇게 먼 나라에 온 건 경기를 끝내기 위해서지 경기를 시작하기 위해서가 아니었습니다."

그는 그 순간 오로지 자신의 신념을 지키기 위해 완주했다. 다른 사람들을 신경 썼다면 자신의 신념을 지키지 못했을 것이다. 꿈을 이루기 위해서는 다른 사람의 신념이 아니라 자신의 신념을 지키는 것이 중요하기 때문이다.

반면 꿈이 없는 사람은 남의 눈치를 보면서 자신의 생각을 마음껏 표현하는 것을 주저한다. 꿈이 없으면 자신이 뭘 원하고 뭘 잘하는가 하는 것에는 관심이 부족하고, 오로지 실수하지 않거나 비난 받지 않으려고만 애쓴다. 모든 사람들이 나를 좋아하지도 않고, 모든 사람들이 나를 미워하지도 않는다. 그런데 나를 미워하고 싫어하는 몇 사람으로 인해 절망하며 자신의 가치를 스스로 떨어뜨린다. 자신의 가치를 인정하지 못하는 사람은 남들에게도 인정받지 못한다. 자신을 인정하고 사랑할 수 없는 사람은 결국 다른 사람도 진심으로 인정하고 사랑할 수 없기 때문이다. 즉, 자신의 가치를 낮게 보는 사람은 결국 타인의 가치도 낮게 볼 수밖에 없다. 부정적인 감정으로 사람들을 대하면 다른 사람도 똑같은 마음으로 나를 대한다. 그러면 깊이 있는 관계가 되지 못하고 부정적인 인간관계가 이어진다.

그뿐 아니라, 남의 눈치를 보거나 주눅 들어 있는 사람은 자신의 매력을 마음껏 발산하지 못한다. 특히 청춘이라면 자신만의 매력을 가지고 자신감 넘치는 모습을 보여야 이성에게도 호감을 준다. 지금 내가 그런 모습이라면 나만의 매력을 갖추기 위해 부단히 노력해야 한다. 꿈을 가진 사람은 꿈이 이루어진다는 확신과 열정이 있기 때문에 자연스럽게 매력이 발산된다.

지금 나의 마음을 꼼꼼하고 냉정하게 관찰해 보자. 필요 이상으로 사람들의 말에 흔들리지 않는지, 눈치를 보는 건 아닌지 스스로에게 물어보자. 지나치게 타인 중심적인 분들에게 도움 되는 방법을 하나 제시하겠다.

"스스로 꿈에 눈이 멀게 만드십시오."

그러면 사소한 것은 눈에 보이지 않는다. 즉, 꿈이 있는 사람은 남의 눈치를 보지 않는다. '꿈'이라는 방탄 조끼를 입으면 꿈을 이루려는 자신에게 집중하기 때문에 다른 사람에게 흔들릴 시간이 없다. 꿈은 자신의 가치를 높여주고 부정적인 감정으로 흔들리는 나를 지켜준다. 자신을 지켜주는 꿈을 이루기 위해 거침없이 나아가자. 꿈은 나와 당신의 가장 든든한 응원군이다.

내가 변하는 순간,
세상은 나를 응원한다

"결국 지금 OOO 님께서 원하시는 게 뭔가요?"

가정 폭력 가해자들과의 상담에서 내가 그들의 이야기를 충분히 듣고 난 후 던지는 질문이다. 이 질문을 하기 전까지 그들은 자신이 이 세상에서 가장 피해자이고 억울하고 배우자가 얼마나 못되고 이기적인 사람인지 설명하기에 바쁘다. 그러나 이 질문을 듣고 나서는 세상이 정지된 듯 말을 멈추었다가 멍한 표정으로 답한다.

"글쎄요. 그런 건 생각해 본 적이 없어서요. 그게 지금 뭐가 중요한 거죠?"

"네. 매우 중요합니다. 다른 사람을 바꾸려고 하는 건 '계란으로 바위 치기'입니다. 그렇기 때문에 바꾸고 싶은 것을 제대로 바꾸기 위해서는 먼저 지금 선생님이 무엇을 원하는지를 제대로 알아야 합니다."

사람들은 바뀌지 않는 것에 대해 원망은 하면서도 원하는 것, 바꾸고 싶은 것에 대해서는 고민을 하지 않는다. 정작 핵심은, 바꾸고 싶은 것에 집중해야 바뀌는데 말이다.

　돌이켜 보면, 지난날의 나도 '내가 원하는 것'이 무엇인지 고민하기보다는 세상을 탓하고 상대방을 원망하면서 시간을 보냈다. 어쩌면 도무지 바뀌지 않는 삶이 부모 탓, 남편 탓, 세상 탓이라 생각하는 쪽이 '내가 원하는 삶'을 고민하는 것보다 차라리 편해서였는지 모른다. 하지만 그럴수록 나는 점점 더 지쳐갔고, 삶은 점점 더 불공평하게만 느껴졌다. 뭔가 해결책이 있어야 된다고 생각했지만 방법이 보이지 않았다.

　당시 나는 '내 주변에는 왜 이렇게 이상한 사람들이 많을까?' 신세 한탄을 했다. 만약 그때의 나처럼 지금 자신의 주변에 이상한 사람이 많아 힘들다면, 《폴 마이어의 아름다운 도전》이라는 저서 속의 이야기를 들어보자.

　어느 날, 한 젊은이가 사막의 끝에 있는 오아시스로 찾아와서 그곳 샘가에 앉아 있는 노인에게 물었다.

　"어르신, 이곳 사람들은 어떤 사람들인가요?"

　그러자 노인이 되물었다.

　"자네가 살던 고장 사람들은 어땠나?"

　그러자 젊은이가 대답했다.

　"그야 아주 고약한 무리들이었죠. 모두들 심술 사납고 욕심이 많은 사람들이었어요. 그래서 전 그곳을 떠나 온 걸 다행이라고 생각해요."

　그 말을 들은 노인은 비로소 젊은이의 질문에 대답했다.

　"여기 사람들도 마찬가지야."

노인의 대답을 들은 젊은이는 물을 마시고 그 고장을 떠났다. 잠시 후, 다른 젊은이가 와서 다시 노인에게 똑같이 물었다. 노인은 역시 똑같이 되물었다. 그러자 그 젊은이가 대답했다.

"제가 살던 고장 사람들은 모두 좋은 사람들이었죠. 정직하고 정이 많고 친절했어요. 제게 사정이 있어서 어쩔 수 없이 떠나왔지만, 그곳을 떠나온 것이 아쉽습니다."

그러자 노인이 대답했다.

"이곳 사람들도 아마 똑같을 거야."

젊은이는 기뻐하며 마을에 정착하기 위해 들어갔다. 그때, 노인과 두 젊은이의 대화를 듣고 있던 다른 사람이 노인에게 따졌다.

"아니, 영감님. 왜 두 젊은이의 물음에 그렇게 대답하셨어요? 같은 말이지만 내용은 전혀 다른 것이잖아요."

그러자 노인이 설명했다.

"사람은 자기가 마음속에 만든 환경 속에서 생활하고 있는 것이라네. 전에 살던 고장을 좋지 않게 생각했던 사람은 거기서 좋은 인연을 맺지 못한 사람이야. 그는 여기서 살아도 마찬가지로 생각할 걸세. 전에 살던 고장에서 좋은 인연을 맺고 산 사람은 이곳에서도 그렇게 살 것이 분명하네. 남이란 마음속으로 생각하고 있는 그대로의 모습으로 우리 앞에 나타나는 법이라네."

내면아이 치유 면담을 하면 대다수의 사람들은 의자에 앉자마자 긴 한숨을 쉬며 '힘들다'며 불편한 점을 토로한다. 주로 가족에 대한 이야기를 많이 하며, 그들이 만나는 사람들이 얼마나 이상하고 이기적인 사람들인지에 대해 이야기한다. 그 사람은 화가 단단히 나 있고 불만에 가득 찬 표정이다. 내면아이 치유 단계로 들어가기 전에 그 장면을 써보라고 하면 이렇게 반응한다.

"내가 이렇게 해서 무슨 소용이 있을까요? 그들은 달라지지 않을 거예요."

"정말 가족들이 달라지지 않을까요? 하지만 뭔가 변화된 모습을 원하기 때문에 지금 나오신 거잖아요. 두렵다고 주저하지 마시고, 일단 시도해 보세요. 결과는 해봐야 압니다."

2013년 2월에 법륜 스님이 계시는 문경 정토회에 다녀온 경험이 있다. 거기에는 나 자신을 들여다보는 '깨달음의 장'이라는 프로그램이 있다. 어느 날, 법륜 스님이 힐링 캠프에서 행복에 대해 말씀하시는 것을 보면서 '깨달음이 크신 분이다'라는 생각이 들고 마음이 편안해지는 것이 느껴져 직접 그분을 뵙고 싶어졌다. 그래서 정토회 홈페이지에 프로그램 신청을 했는데, 치열한 경쟁률을 뚫고 운 좋게 선정이 되었다. 하지만 막상 가려고 하니 왠지 두려웠다. 낯선 곳에서, 잠자리도 불편할 텐데 처음 보는 낯선 사람들과 함께 지낼 생각을 하니 마음이 불편해졌다. 그러나 일단 하기로 마음먹었으니 해보자라는 생각에 문경으로 향했다.

정토회에 도착하니, 나를 포함하여 28명의 사람들이 모여 있었다. 그곳에서는 핸드폰을 사용할 수 없었고, 어떤 간식이나 커피도 허용되지 않았다.

'여긴 규율이 엄격하구나.'

긴장감이 맴돌았다. 진행하시는 분은 법륜 스님이 아니라, 다른 스님이었다. 표정이 딱딱하고 무서웠다. 화장실은 물 대신 톱밥을 사용하는 옛날식 화장실이어서 냄새가 코를 찔렀다. 샤워를 마음대로 할 수도 없었다. '왜 나는 이런 데 와서 사서 고생을 할까?'라는 생각이 들어서 '도망갈까?' 갈등이 생기기도 했다.

첫날, '나는 누구인가?' 하는 질문을 집요하게 받았다. 스님에게 호명되면 스님의 질문에 무조건 답해야 했기 때문에 긴장되고 떨렸다. 27명이 보고 있었고, 솔직하게 대답해야 했다. 가끔 연세 드신 분이 스님의 질문에 엉뚱한 대답을 하는 경우가 있었는데, 스님이 그분을 호되게 혼내서 더 긴장이 되었다. 스님의 말씀 중 기억에 남는 것은, '우리는 모두 연결되어 있고 하나다'라는 말이었다. 세상을 조금만 더 넓은 시야로 바라보면 온통 나와 연결된 사람들뿐이다. 이 연결 속에서 자신의 목표를 이룰 수 있다. 이 생각이 무의식에 확고하게 자리 잡도록 스님은 예리하고 따뜻한 논리로 설명을 해주셨다.

우리는 각자 많은 역할들의 모자를 쓰고 있다. 내면아이 치유 메신저, 딸, 아내, 엄마, 작가…… 등등. 그것들은 나의 껍데기일 뿐 본질이 아닌데, 지금까지 그 껍데기에 집착하고 살았음을 깨달았다.

분노에 대해서도 집중적으로 다루었다. 나는 내가 화를 냈던 이유들을 스님께 정당한 논리로 설명했는데, 오히려 혼나기만 했다.

시간을 가지고 내가 화를 냈던 이유들을 생각해 보니, 사실 화낼 만한 일은 거의 없었다. 내가 옳다는 생각과 오만에 빠져 화를 내는 것이 정당하다고 생각한 것이 화의 원인이었다. 4박 5일 동안, 새벽 4시 반에 일어나 잠이 부족하고 하루 종일 가부좌 자세를 취해서 등과 다리가 불편했지만, 마음만은 어느 때보다 가벼웠다. 조금이라도 일찍 여기에 들어와서 다행이란 생각이 들었다. 건강도 훨씬 좋아지고 점점 나는 본래의 나로 되돌아갔다.

마지막 시간에 명상 프로그램이 있다는 말을 듣고, 나는 내친 김에 그 시간도 신청을 하게 되었다. 법륜 스님이 1년에 단 한 번 프로그램을 진행한다는데, 운이 좋은 덕분에 법륜 스님을 직접 뵙게 되었다. 수강생들은 하루 2끼를 먹었는데, 스님은 단식을 하셨다. 단식을 하는데 명상까지 하시다니 놀라웠다. 그리고 궁금한 점을 쪽지에 적어서 질문하면 스님은 세심하게 손 편지로 일일이 적어서 답변을 해주셨다.

명상을 하는 동안, 누군가 망치로 두드리는 것처럼 등에 심한 통증이 느껴졌다. '지금까지 내 몸을 너무 혹사시키며 살았구나'라는 생각에 나 자신에게 많이 미안했다. 묵상으로 오로지 혼자만의 시간을 가진 것은 참으로 오랜만이었다. 3일째 되는 날부터 등의 통증은 없어졌고 마음은 평화 그 자체였다. 걱정과 근심이 하나도 없었고 자신감이 차올랐다. 그때 습관이 된 108배는 지금도 아침마다 하고 있다. 프로그램 중 울기도 많이 울고, 나 자신의 틀이 이렇게 크다는 것도 알게 되었다.

나 자신을 변화시키는 것은 쉽지 않다. 이제껏 나는 상처 받은 과거의 기억에 갇힌 미운 오리인 나를 변화시키기 위해 무진장 애써왔다. '잘못 태어난 게 아닌가?' 나를 비난하고 미워하는 습관에서 벗어나고 싶어 때로는 눈물을 흘리며 기도하기도 했다.

아직 나도 갈 길이 멀다. 어쩌면 죽을 때까지 변화는 계속되어야 할지 모른다. 하지만 이 변화는 항상 나에게 값지게 되돌아왔다. 주변 사람들이 나를 더 호의적으로 대해 주고 많은 행운들이 따라왔다. 나는 내가 변화하지 않으면 세상은 변화하지 않는다는 법칙을 철저히 믿는다. 새로운 삶을 원한다면 가장 먼저 해야 할 일이 나를 바꾸는 일이다. 세상이 나를 응원하길 원한다면, 나를 바꾸는 것부터 시도해 보라. 나는 그런 시도를 한 당신을 첫 번째로 응원할 것이다. 내가 변하는 순간, 세상은 나를 응원한다.

역경을
기회로 삼아라

    일생을 살면서 누구나 역경을 경험한다. 《해리 포터》의 작가 조앤 롤링도 수없이 많은 역경을 경험했다. 그러나 그녀는 역경에 무너지는 대신 해결책을 찾아 과감히 움직였다. 포르투갈에서 이혼한 후 그녀는 무일푼으로 딸을 데리고 영국에 갔다. 우울증에 걸린 그녀는 혼자서 참고 견디는 선택보다는 정신과 전문의를 찾아 갔다. 의사는 그녀에게 글을 쓰라고 조언했고, 그녀는 그것을 바로 실행에 옮겼다. 그렇게 해서 탄생한 것이 해리 포터다.

    그녀가 작가가 되고 싶다는 꿈을 꾼 것은 5살 때부터였다. 대학 졸업 후, 적성에 맞지 않는 직장에 다니면서도 포기하지 않고 해리 포터 스토리를 구상하였고, 이후 지옥 같은 결혼생활을 하면서 마법사에 대한 구체적인 스토리를 잡기 시작했다. 이혼 후 정부보조금으로 생활하는 궁핍한 상황에서도 그녀는 글쓰기에 매달려 결국 꿈을 이루었다.

    오프라 윈프리와의 인터뷰 중 그녀가 한 말이다.

정부 보조금으로 연명할 정도로 철저히 실패한 인생이었는데, 그 실패는 불필요한 것을 제거해 나가는 과정이었고, 가장 중요한 것에 모든 것을 쏟아부을 수 있는 자유를 느끼게 하였다. 차가운 밑바닥을 치는 것이 재건할 새로운 기반이 될 수 있는 것이다. 실패를 잘 관리하면 위대한 능력을 발휘할 수 있는 계기가 되기도 한다.

그녀는 우여곡절 끝에 블룸스베리라는 출판사와 원고를 계약하게 되었고, 그 원고는 《해리 포터》 시리즈로 출간되었다. 책은 출간되자마자 전 세계 어린이들에게 최고의 베스트셀러가 되었다. 또한 이 책으로 인해 그녀는 영국 여왕으로부터 작위를 받고, 찰스 왕세자로부터 대영제국 훈장을 수여받기도 했다.

역경은 위대한 능력을 발휘하는 또 다른 기회라고 생각한 조앤 롤링의 선택은 그녀를 영국 여왕보다도 더 부유한 억만장자로 거듭나게 했다.

태어날 당시 나의 몸무게는 2.7㎏이었다. 엄마는 나를 임신하기 전부터 아빠와 이혼하기로 결정했는데, 덜컥 내가 생겼다고 들었다. 저체중이었지만 다행히 나는 특별히 아픈 데 없이 건강하게 태어났다. 그러나 백일 되던 날, 백일 잔치 대신 대판 싸움을 하시고 부모님은 이혼을 하셨다. 당시 나는 돌이 되기 전까지 정량의 우유를 겨우 먹고 병치레를 자주 했다고 한다. 그런 나를 할머니는 안타깝게 여기고 정성스레 키워 주셨다. 초등학교 시절에도 툭하면 감기와 폐결핵에 걸려 결석을 자주 했던 기억이 난다. 체력이 약해 조금만 피로해도 금방 지치고, 무리해서 공부를 하면 코피가 자주 났다.

2011년에는 과로와 스트레스로 '안면 마비' 증세가 왔다. 어느 날, 아침에 일어났는데, 오른쪽 눈이 제대로 떠지지 않고 오른쪽 입이 돌아간 상태였다. 흉측한 내 모습에 깜짝 놀랐고, '이런 외모로 평생 살면 어떡하나?' 불안했다. 건강을 소홀히 여기고, 피곤함에도 체력을 소모한 탓이었다. 모든 일을 접고 병원을 오가며 지난 1년간의 생활들을 되돌아보았다. 아이가 초등학교에 입학하여 적응을 잘해 나가는지 지나치게 신경을 많이 쓴 것도 하나의 원인이었던 것 같았다. 또 그동안 맡은 일을 완벽히 잘 해내기 위해 수시로 과로했던 날이 많았다. 뜻대로 잘 되지 않으면 자신을 자책하고 환경과 상황을 탓했다.

모든 일을 다 접어두고, 의사가 지시하는 처방에 따라 열심히 치료를 받았다. 또한 마음의 건강을 회복하고자 내면아이 치유를 병행하자, 한 달이 채 되지 않아 돌아갔던 입이 바로 돌아오기 시작했다. 내면아이 치유를 하면서 비로소 어린 시절 상처받았던 내면아이를 만나게 되었다. 아빠에게 억울하게 맞았던 내면아이, 가난에 대한 열등감 때문에 친구가 없어 외로웠던 내면아이, 친엄마에 대한 분노와 새엄마에 대한 서운함을 가진 내면아이 등 다양한 감정을 지닌 내면아이들을 만났다. 그리고 잠들기 전과 아침 기상 직후 '감사합니다'를 외치면서 얼굴이 제대로 돌아온 나를 심상화 했다. 매일 A4 용지에다 감사 일기를 쓰며 '병이 나아서 감사합니다'라는 말을 여러

장 채운 적도 많았다. 그만큼 절박하고 간절했다.

처음에 진찰한 의사는 빨리 회복되기 힘드니 조급해 하지 말라고 했다. 하지만 나는 그 예언을 믿지 않았다. 결국 그 예언을 뒤집고 내 얼굴은 두 달 만에 완전히 정상을 회복했다. 물론 아직도 흔적이 조금 남아 있기는 하다. 그것은 나만 아는 부분이다. 웃을 때 왼쪽은 입 꼬리가 활짝 올라가지만 굳었던 오른쪽 얼굴 부분은 입 꼬리가 자연스럽게 올라가지 않아 부자연스럽다. 그러나 나는 개의치 않고 웃을 상황이 되면 오히려 더 활짝 웃는다.

나는 건강을 잃었던 그때의 경험으로 인해 건강의 소중함과 마음의 중요성을 새삼 더 깨닫게 되었다. 병을 치료하는 과정을 겪으며 진정으로 내가 하고 싶은 일이 무엇인지도 알게 되었다. 내면아이 치유의 효과를 톡톡히 본 나는 다른 사람들의 내면아이를 치유하고 돕고 싶어졌다. 어려운 역경을 겪는 그들에게 힘이 되고 위로가 되고 싶었다. 건강할 때는 몰랐던 환자들의 심적 고통을 알고 공감할 수 있게 된 덕분에 내면아이 치유 메신저라는 꿈을 찾았다. 즉 역경을 통해 진정으로 마음이 원하는 새로운 꿈을 찾게 되었던 것이다.

《마음의 힘》에서 파울로 코엘료는 이렇게 말한다.

나는 '죽은' 사람들을 많이 알고 있다. 그들은 죽었는데도 걷고, 말하고, 텔레비전을 본다. 열심히 일도 하지만, 신성한 에너지의 불꽃은 사라지고 없다. 그렇다고 그 불꽃이 영원히 사라진 것은 아니다. 우리 영혼 속에 들어 있는 그 아이는 언제든 다시 나타나 반갑게 인사하며 불꽃이 되살아나게 할 수 있다. 하지만 죽은 사람들, 꿈과의 연결이 끊어진 사람들은 자신에게 꿈이 있다는 사실을 저버린다. 마음과 연결이 끊긴 사람은 살아도 살아 있는 것이 아니다.

이스라엘의 '건국의 어머니'라 불리는 골다 메이어는 타임스 지紙가 선정한 '20세기 세상을 바꾼 25인' 중 한 명이다. 그녀는 떠돌이 유대 민족의 오랜 염원이었던 그들만의 나라를 세우는 데 공헌을 한 이스라엘의 첫 번째 여성 총리이다. 그녀는 생전에 누구보다 열정적으로 노력한 정치가였지만, 사실은 12년 동안이나 백혈병을 앓았다. 그러나 그녀는 백혈병을 앓는다는 현실에 굴복하지 않았다. 오히려 그 사실 때문에 더 기도했고, 더 열심히 공부했다고 한다.

역경을 기회로 생각하는 사람은 자신의 목표에 집중하며 치열하게 살아간다. 시간은 한정되어 있다는 것을 알기에 절대 하루를 대충 살지 않는다. 혹독한 겨울의 추위를 견디고 대지를 뚫고 올라오는 씨앗처럼 단련된다면, 어떤 역경이 와도 두렵지 않다. 역경이 오는 것을 막을 수는 없지만, 역경을 기회로 생각하는 희망적인 생각은 누구도 막을 수 없다. 지금 내가 역경으로 인해 힘들다면, '할 수 없다'는 부정적인 생각에 빠져 있는지 점검해 보라. '역경이 기회다'라는 생각으로 어떤 문제를 해결하고도 남을 많은 가능성과 희망을 발견하라.

직업을 천직으로
만드는 법

내 나이 스무 살. 대학에 입학하면 행복은 저절로 오는 것이라 생각했다. 실제로 행복했다. 적어도 3개월 동안은. 캠퍼스를 누빌 수 있는 자유. 수업에 들어가든 안 들어가든 누구 하나 제재하는 사람이 없고 강의 시간표도 내가 결정할 수 있는 자유. 새장 안에 갇혀 있던 삶에서 탈출한 느낌. 자유가 너무 그리웠다. 대학 생활은 천국이 따로 없었다.

대학 1학년 때, 아버지가 가구점을 그만두시게 되어 나는 원치 않게 아르바이트에 뛰어들었다. 가장 먼저 초등학생 개인 과외를 했다. 매일 한 시간을 가르치고 월 18만 원을 받았다. 이 돈으로는 생계에 거의 도움이 되지 않아서 곧 그만두고 학원에서 영어강사로 일했다. 과외에 비해 보수는 10배 높았으나 치열한 삶의 현장을 체험했다. 원장은 아이들이 학원 등록을 끊게 되면 강사들에게 책임을 물으며 다그쳤다. 아이들이 떨어지지 않도록 하기 위해 더 긴장하고 애써야 했다. 영어를 좋아해서 시작했지만, 학원에 매이는 것이 스트레스로 가해져 1년을 채우고 그만두었다.

나는 캠퍼스를 거닐면서, 점점 현실에서 돈을 벌어야 살 수 있는 나의 처지와 편하게 즐기면서 학교를 다니는 복 많은 아이들을 비교하기 시작했다. 그럴수록 외로움과 고립감은 커졌다. 하루는 친한 선배와 술을 마시다가 속내를 털어놓았다.

"선배, 선배는 대학 왜 들어왔어? 난 요즘 이렇게 한가롭게 공부할 시간에 차라리 돈을 벌어야 되지 않을까 생각해. 내 처지에 대학은 사치인 거 같아."

"많이 힘든가 보네. 자존심 센 네가 그런 말도 다하고. 그런데 넌 꿈이 뭔데? 그 꿈 때문에 여기 들어온 거 아닌가? 돈 버는 것도 중요하지만, 우리는 돈보다 꿈을 찾는 게 훨씬 중요한 시기라 생각해. 돈은 나중에 벌면 되지. 비록 나는 학과 선택을 잘못했지만 편입을 해서 꿈을 찾을 거야. 난 그림 그릴 때가 제일 행복하거든."

말하는 선배의 눈이 반짝 빛났다. 그 선배는 자동차공학과 학생이었는데 도서관에서 만나면 혼자서 늘 그림을 그리고 있었다. 학과 공부는 안 하고 딴짓하는 모습이 웃기기도 했지만, 그림 그리는 모습이 멋져서 한때는 좋아하는 감정이 싹트기도 했다. 그러나 그 선배 말에 선뜻 동의하긴 어려웠다. 가난 그 자체였던 나는 '이 선배는 집이 부유해서 팔자 좋게 그림을 그리는구나. 내 형편을 이해하지 못하겠지'라고 생각했다. 그런데 이런 꿈 얘기를 들을 때면 내 속에서도 오랜만에 작가인 나의 꿈이 떠올랐다. 나는 어릴 때부터 혼자였던 적이 많아서 글을 쓰면서 상상의 나래를 펼치곤 했다. 몇 권 안 되는 동화책을 하도 읽어서 줄거리를 통째로 외우는 모습을 보고 할머니가 종종 칭찬을 하시곤 했다. 글을 쓸 때는 더 이상 외롭지가 않았고 허전하지도 않았다. 하지만 작가의 꿈을 꾸기에 우리 집은 너무 가난했다. 당장 만 원이라도 벌어야 했기에 글을 쓰고 앉아 있다가는 비참한 일들이 벌어질 게 뻔했다. 나는 더 이상 선배에게 내 마음을 더 털어놓지 못하고 술잔만 기울이다가 헤어졌다.

이후 형편은 더욱 어려워져서 대학 3년 때에는 학교를 휴학해야 했다. 생활고가 심했던 엄마는 내게 학교를 중퇴하고 당장이라도 직업을 가지라고 하셨지만, 생계 때문에 대충 아무 직업이나 가질 수는 없었다. 휴학한 뒤 여러 가지 아르바이트를 겁 없이 했다. 처음에는 커피숍, 편의점, 호프집, 공장 등에서 일했는데, 튼튼하지 못한 체력 탓에 오래 서거나 무거운 것을 드는 일은 맞지 않았다. 특히 호프집에서는 하루가 멀다 하고 술 취한 손님들끼리 시비가 붙어 경찰이 자주 출동했다. 그런 장면들을 여러 번 목격하다가 한 달을 채우지 못하고 그만두었다.

이후 입사한 곳은 보증보험 회사였다. 그곳에서 사무직 일을 했다. 컴퓨터에 자료를 입력하는 일을 했는데, 일할 때는 모든 걸 잊고 일에만 몰두했다. 단순한 입력 작업이고 체력적으로 힘들지 않아 보수는 적어도 감사했다.

나는 그 회사에서 두 부류의 사람들을 보게 되었다. 한 부류는, 일에 몰입하지 않고 직업을 단지 생계용 수단으로 생각하며 사는 사람들이었다. 그들은 늘 '몸이 아프다, 피곤하다, 귀찮다, 복권이나 당첨되었으면 좋겠다'라는 말들을 연발했다. 다른 한 부류는, 퇴근 후 자기 계발을 하고 계속 뭔가를 끊임없이 배우는 사람들이었다. 그들은 현재 불가능해 보여도 미래에 가능성을 두고 끊임없이 도전 하는 사람들이었다. 그들의 공통점은, 자기 계발을 하는 데에 돈을 쓰고 책을 자주 샀다. K 과장은 나에게 이런 말을 자주 했다.

"집이 힘들다는 얘기 들었어요. 그런데 혹시나 걱정되어 하는 얘 기인데요. 아르바이트는 아르바이트일 뿐이에요. 여기서 눌러 앉아 버리면 시간을 허비하게 돼요. 자기가 하고 싶은 게 뭔지 항상 생각 해서 원하는 직업을 찾으세요."

"저는 여기가 편하고 좋은데요. 원하는 일이란 게 뭐죠? 제가 할 수 있는 일 말씀인가요?"

"아니, 할 수 있는 일 말고, 하고 싶은 일, 진정으로 원하는 일 말 이에요. 어릴 때 하고 싶었던 일 없었어요? 그 일을 하면 시간도 잘 가고 재밌는 일."

그 땐 뭔지 몰랐지만 K 과장이 말한 그 말의 핵심은 '꿈을 찾아 라'라는 말이었다.

그 당시 나는 청춘이지만 꿈을 찾는 삶보다 꿈이 없어도 안정적 인 삶이 나아 보였다. 사업에 실패한 아빠를 보며 '사업을 하는 것은 정말 위험하구나'라는 생각이 들었기 때문이다. 그래서 나도 모르게 '작가가 되고 싶지만 지금의 내 상황으로는 작가가 될 수 없어'라는 부정적인 생각을 반복하고 있었다. 스스로 희망을 차단하고 있었던 것이다. K 과장의 말에 나는 정신이 번쩍 들었다. 내 희망을 짓밟고 있는 것은 바로 '나'라는 사실을 깨달았던 것이다.

　우리는 현실에 가로막힐 때 '되고 싶은 나'와 '이루고 싶은 미래'에 대해서는 생각하지 않는다. '내가 할 수 있는 것은 없다, 해결책은 없다'라는 부정적 생각을 하게 되는데 그런 생각으로 해결되는 것은 아무것도 없다. 스스로 가능성을 막고 있는 장애물은 바로 자신의 생각이다.

　내 직업을 천직으로 만들기 위해선 먼저 내가 원하는 일이 무엇인지 찾아야 한다. 대부분 지금 내가 하는 일은 천직이 아니라고 대답할 가능성이 크다. 그러면 현재 하고 있는 일에 일단 1개월만 전력을 다하고 집중해 보자. 현재 하고 있는 일이 천직이었다는 것을 그만두고 나서 알게 되면 큰일 아닌가! 그래서 딱 1개월만 미친 듯이 해보라는 것이다. 전력을 다하게 되면 내가 원하는 일이 지금 현재 하고 있는 일인지, 아니면 다른 길에서 찾아야 하는지 드러난다.

　원하는 일을 찾게 되면, 다음 단계는 이미 꿈을 이룬 것처럼 상상하고 이 일을 이루기 위해 필요한 행동들을 결단하고 해야 한다. 이때 중요한 건 머리가 아니라 가슴에서 올라오는 목소리에 귀를 기울여야 한다는 것이다. 꿈이란 내가 처한 현실과 경험에서 벗어나 새로운 시각으로 이루는 것인데, 이성적인 생각들은 꿈을 꾸는 것을 비난한다. 즉, 예전에 내가 가난해서 꿈을 이룰 수 없다고 생각했던 것처럼 고정 관념과 부정적인 사고에 머무르도록 부추긴다. 정리하자면, 내가 원하는 즐거워하는 일을 찾고 그 꿈을 이룬 것처럼 상상하면 내면에서 어떤 방법으로 하라고 알려준다는 것이다. 그때부터는 거침없이 자신을 믿고 직진하면 된다.

아들이 게임에 빠지게 되어 '어떻게 하면 조절할 수 있게 할까?' 고민하다가 새벽 5시에 일어나면 게임 시간을 주겠다고 약속했다. 결과는 어떻게 되었을까? '설마 5시에 일어날 수 있을까?' 했던 내 생각은 오산이었다. 늦잠 자는 게 습관이 돼서 깨워도 쉽게 일어나지 않던 아들은 알람 시계가 울리지 않았는데도 일어나 오히려 나를 깨워 주기까지 했다. 아이들이 게임을 하고 싶어 하는 것처럼 내가 원하고 좋아하는 일을 시도해 보자. 내가 좋아하면 자다가도 벌떡 일어나게 되고, 만나고 싶은 애인은 천리 길이라도 마다하지 않고 달려간다.

그런 마음이 절로 생기게 하는 일이 바로 나의 천직이다. 인생이란 내가 만들어 가는 드라마다. 한 번뿐인 인생, 이왕이면 나를 벌떡 일으켜 세우는 직업으로 하루하루를 창조한다면 이보다 더 멋진 인생이 있을까? 하기 싫은데 누군가에게 억지로 끌려가는 삶이 아니라, 내가 끌어가는 삶으로 바꾸어 보라. 그 뒤에는 풍요도 덩달아 따라온다.

미국의 대부호, 풍요의 상징이자 투자의 귀재인 워렌 버핏은 이렇게 말했다.

"이력서에 쓰면 멋져 보일 것이라고 생각해서 좋아하지도 않는 일을 계속 하는 것은 미친 사람이나 할 짓이다. 노후에 대비해 섹스를 하지 않고 아껴 두는 것과 무엇이 다른가!"

그렇다. 행복은 저축해서 늘어나는 복리 이자가 아니다. 지금 당장 행복해야 한다. 나는 지금 좋아하는 책을 쓰고 내가 꿈꾸던 내면 아이 치유 메신저로서의 삶을 살기에 그렇지 않았던 삶보다 일상이 더 행복해졌다. 당신의 직업이 천직이 아니라서 행복하지 않은가! 그렇다면 지금 바로 내가 무엇을 원하는지에 대해서 자신에게 차근차근 물어보라. 분명 당신에게 그에 대한 해답을 안내해 줄 것이라 믿는다. 훗날 후회하지 않는 인생을 살려면 가슴이 시키는 일을 하는 삶을 선택하라고 강조하고 싶다.

NO를 거꾸로 쓰면
ON이 된다

나이 50세가 넘은 어느 박사가 책을 한 권 썼다. 50년간의 지혜와 깨달음을 넣어서 책을 썼지만, 그 어떤 출판사도 그의 책을 출판해 주지 않았다. 수많은 출판사에 원고를 보냈지만, 단 한 곳에서도 연락이 오지 않았다. 그 박사는 화가 나서 원고를 쓰레기통에 던져 버렸다.

"여보, 나는 너무나 실망했소. 내가 시간 낭비만 한 것 같소."

아내는 그런 그를 말렸다.

"그래도 이 귀한 원고를 쓰레기통에 버릴 수는 없잖아요."

아내의 위로에 그는 다시 한 번만 더 도전해 보기로 했다.

'그래, 남들이 노NO해도 또 시도해 보는 거야.'

그는 쓰레기통에서 꺼낸 원고를 다시 다른 한 출판사에 보냈다. 그의 원고는 그 출판사에서 '적극적 사고방식'이라는 제목의 책으로 출간되었다. 이 책은 42개국의 언어로 번역되어 2,200만 부나 팔리는 굉장한 성과를 거두었다. 이 책을 쓴 작가는 세계적으로 알려진 강연가이자 작가인 노먼 빈센트 필이다.

긍정 심리학의 창시자인 마틴 셀리그만의 《긍정 심리학》에 따르면, 미네소타 로체스터에 있는 메이요 클리닉의 심리학자들은 40년 동안 진료를 받아온 환자 839명을 대상으로 '낙관성으로 인간의 수명을 예측할 수 있는지'에 대해 연구했다고 한다. 메이요 클리닉에서는 환자가 입원할 때 건강 검진은 물론 몇 가지 심리 검사를 함께 실시하는데, 그중 하나가 낙관성 검사이다. 이 환자들 중에서 2000년까지 200명이 사망했는데, 그들의 예상 수명을 기준으로 볼 때 낙관적인 사람이 비관적인 사람보다 19% 더 오래 산 것으로 나타났다.

역경이나 고난이 닥칠 때 낙관적인 사람은 그것을 얼마든지 극복할 수 있다고 믿지만, 비관적인 사람은 문제를 극복하지 못하고, 그 문제가 자신을 망칠 것이라고 굳게 믿는다.

어느 날 아들이 흐느끼며 우는 것을 보게 되었다. 나는 깜짝 놀라 아들에게 무슨 일이 있는지 물었다.

"아들, 힘든 일 있어? 엄마한테 얘기해 봐."

"엄마, 나 시험 때문에 너무 스트레스야. 시험을 꼭 100점 받고 싶은데 내가 잘할 수 있을까 걱정되고, 시험을 망치면 죽을 정도로 힘들 거고, 난 커서 성공도 못할 거야."

거기서 끝나지 않고 아들은 몇 년 전에 선생님한테 혼난 일, 친구들과 싸웠던 일, 아빠한테 야단맞았던 일 등을 줄줄이 끄집어냈다. 그러면서 자신이 세상에서 가장 불행한 사람인 것처럼 눈물을 글썽였다.

늘 밝고 잘 웃는 아이라서 고민 같은 건 전혀 없을 거라고 생각했었다. 그런데 내 아들이 어떻게 이런 생각을 하지? 믿기지가 않았다. 하지만 아이의 입장이 되어 생각해 보니 충분히 이해가 되었다. 나도 예전에는 시험 스트레스가 너무 심해서 실제 능력보다 성적이 안 나와 얼마나 속이 탔던가! 부정적인 생각에 빠지게 되면 얼마나 고통스러운지 누구보다 뼈저리게 경험하지 않았던가!

"엄마도 충분히 이해되고 공감돼. 엄마도 학교 다닐 때 시험 때문에 긴장하고 많이 불안했거든. 그래서 실제로 시험을 많이 망치기도 했어. 그럴 땐 정말 죽고 싶을 정도로 힘들었어. 그런데 지나고 보니까 공부 잘하는 사람이 꼭 성공하는 것은 아니더라구. 너는 네가 할 수 있는 만큼 최선을 다하면 되는 거야. 엄마는 잘하든 못 하든 늘 널 사랑하니까."

아들의 어두웠던 표정은 금세 편안해졌다. 내 진심이 통했는지 아들이 말했다.

"엄마, 나는 엄마 아들이라서 너무 다행이야. 요즘 나쁜 생각이 많이 들었나 봐. 이 말 들은 거 나는 꼭 기억할래. 어디 적어 놓을까?"

아들이 종이를 찾길래 나는 10만 원짜리 수표를 건네주었다. 초등학생이 받기에는 적은 돈이 아니었지만, 아들의 꿈이 소중하다는 것을 강조하고 싶어서 선뜻 주었다. 아들은 신이 나서 이렇게 적어 내려갔다.

"나 이현석은 내가 할 수 있다고 생각한다."

"나는 세상에서 가장 소중하고 위대한 사람이다."

"나는 항상 긍정적으로 생각한다."

"1000억 부자다. 꼭 성공한다."

나는 아들에게 스스로 쓴 것을 격려해 주고 거기에 '이미 이루어져서 감사합니다'를 추가하면 어떻겠느냐고 조언했다.

스트레스를 겪으면 아이들도 이렇게 힘들어 하는데, 어른들은 오죽하랴. 나쁜 상황을 겪게 되면 상황과 사람을 원망하는 부정적인 생각들이 솟아오른다. 그 사슬에서 벗어나는 방법은 내가 생각의 주인이라는 생각을 갖는 것이다. 이 부정적인 사슬들은 내가 만든 한계선이며, 그 한계선을 지우는 사람 역시 바로 나이다. 이 생각은 어떤 부정적인 상황에서도 견딜 수 있는 ON의 생각이다.

1960년대 프랑스 영화계를 대표하는 프랑수아 트뤼포 감독. 1932년, 파리에서 태어난 그는 어릴 때 외할머니에게 맡겨졌다. 열 살이 되던 해 외할머니가 돌아가시자, 그는 부모의 집으로 들어가게 된다. 안타깝게도 그의 부모는 그를 귀찮게 여겨 여행을 갈 때마다 그를 앞에 놓고 이런 대화를 나누곤 했다.

"이 애는 어떡하지?"

"글쎄요. 어떡하죠?"

그는 자신이 버려진 아이와 다름없다고 여겨 우울증에 걸리기도 했다. 그러다가 열두 살 되던 해, 그는 아버지가 새아버지라는 사실을 뒤늦게 알게 된다. 그때부터 그는 반항아가 되어 돈을 훔치고, 거짓말을 상습적으로 하며, 결석이 잦아졌다. 영화를 몹시 좋아했던 그는 돈을 내지 않고 비상문이나 화장실 창문으로 극장에 몰래 숨어 들어가 2백여 편의 영화를 보게 된다. 열일곱 살 때에는 절도로 소년원에 들어가기도 했지만, 그는 영화, 책, 레코드판만 있으면 행복하다고 생각했다. 어떤 절망적인 상황에서도 영화 감독이 되고자 했던 그는 자신의 개인적인 이야기를 영화로 만든 〈400번의 구타〉로 칸 영화제에서 최우수 감독상을 받게 된다.

프랑수아 트뤼포의 어린 시절은 나의 어린 시절과 매우 비슷했다. 뒤늦게 아버지가 의붓아버지라는 사실을 알게 된 것은 내가 초등학교 때 엄마가 새어머니라는 사실을 알게 되었던 것과 비슷하고, 이로 인해 사춘기 시절에 방황했다는 공통점이 있었다. 그러나 그는 그렇게 불우한 어린 시절을 겪었음에도 불구하고 긍정의 힘을 잃지 않았고, 잘하는 일을 열심히 하여 성공하게 되었다.

언젠가 KBS1 TV에서 방영한 〈강연 100℃〉를 보았다. 거기에는 다큐멘터리 영화 감독이 출연했는데, 그녀는 76살의 윤아병 할머니 감독이었다. 그녀는 2013년, 단편 영화제에서 〈나이야 가라〉는 작품으로 대상을 수상한 바 있었다. 그녀는 이 작품이 노인들뿐만 아니라 젊은 감독들과 경쟁을 한 것이라서 더욱 기뻤다고 한다. 그녀가 감독으로 데뷔한 데에는 나이 예순이 넘어서 컴퓨터를 배우기 시작한 것이 계기가 되었다. 그녀는 노인이 되면 새로운 것을 배우고 꿈을 이룰 수 없다는 세상 사람들의 시선에 굴하지 않고, 컴퓨터를 배우고 새로운 세상을 알게 되었다. 그녀는 지금까지 '엄마, 할머니'로만 불렸는데, 이제 슈퍼마켓에 가면 '선생님' 또는 '영화 감독'이라는 새로운 이름으로 불리는 게 너무 행복하다고 말했다. 그녀는 '재미있으면 하면 된다'고 강조한다. 나이가 들어서 할 수 없다는 부정도 '하면 된다'는 긍정적인 사고를 만나면 무력해진다.

아이를 키우면서 혹시 위험에 빠질까 봐 걱정에 휩싸이는 상황들이 두려워 나도 모르게 아이에게 '된다'보다는 '안 된다'를 강조하곤 했다. 나 또한 어릴 때 '안 된다'를 많이 듣고 자란 것이 사실이다. '안 된다'라는 사고의 대물림을 끊기 위해서는 나 스스로 '된다, 가능하다, 한다'의 긍정적인 스위치를 켜는 것이 최선이다. 스위치를 켜면 깜깜한 밤은 언제 그랬냐는 듯 금세 밝아진다. 당신이 수십 년 동안 부정의 스위치를 켜고 살았든, 수년간 공들인 긍정이 하루아침에 부정으로 변했든 상관없다. 중요한 건 지금 바로 이 순간 'ON'의 긍정 스위치를 켜면 된다.

머뭇거리지 말고,
무조건 실행하라

훌륭한 생각을 하는 사람은 많지만 행동으로 옮기는 사람은 드물다. 나는 포기하지 않았다. 대신 무언가를 할 때마다 그 경험에서 배우고 다음번에는 더 잘할 수 있는 방법을 찾아냈다.

늦은 나이에 사업을 시작해 세계적인 회사로 키워낸 사람. KFC의 창업자 커넬 할랜드 샌더스의 말이다. 그는 낡은 트럭에 전 재산을 털어 싣고 미국 전역을 돌아다녔다. 그는 레스토랑을 운영하며 꾸준히 개발해 온 그만의 독특한 조리법을 팔기 위해 트럭에서 잠을 자고 공중 화장실에서 면도를 하며 미국 전역을 돌아다녔다. 그러나 그 누구도 관심을 가져 주는 사람이 없었다. 그때 그가 실행을 멈추지 않기 위해 스스로 다짐한 말이 있었다.

'실패하면 방법을 달리해서 또 도전한다. 할 때까지, 될 때까지, 이룰 때까지!'

참으로 멋진 다짐이 아닌가! 나도 내 서재에 이 글을 메모해 두었다. 그리고 힘들고 지칠 때나 내 시도가 어설픈 실패로 끝날 때마다 이 글을 보게 된다. 넘어지려는 마음에 그저 손을 먼저 내밀기만 하면 된다. 긴 시간이 걸리지 않는다. 이처럼 마음을 움직이는 강한 메시지 하나면 마음은 거뜬히 다시 일어난다.

인생에서 늦었다는 건 절대 없다. 무언가를 해야겠다고 마음먹고 즉시 실행에 옮기는 순간이 가장 빠르다. KFC는 전 세계 80여 나라에서 약 1만 천여 개의 매장을 가진 세계적인 프랜차이즈로 성장했다. 커넬 할랜드 샌더스가 성공할 수 있었던 것은, 늦었다고 망설이거나 주저앉지 않았기 때문이다. 그는 생각으로 끝나지 않고 실행에 옮김으로써 성공을 거머쥘 수 있었다.

개그맨은 '개그'만을 해야 되는가? 적어도 개그맨 김영철에게는 해당되지 않는 말이다. 그는 영어 초짜에서 네이티브 스피커로, 나아가 개그가 아닌 일반 방송 프로그램에까지 그 영역을 넓혀 가고 있다. 그는 그 자신에게, 그리고 그와 함께 하는 사람들에게 이렇게 말한다.

"일단 시작해 보자니까!"

그는 일단 시작하고 본다. 시작한다는 것만으로도 이미 배운 것이다. 실패했다면 그것으로부터 또 다른 가능성을 배운 것이라고 그는 힘차게 말한다. 그는 꿈에 대해 작은 도전과 큰 도전으로 나누고, 꿈을 실현하려면 '오늘' 도전해야 함을 강조했다. 특히 작은 도전이라면 더 빨리 해 봐야 한다고 말했다.

나도 이 말에 적극 공감한다. 실행은 '라잇 나우right now'여야 한다. 내가 하고 싶은 일이 생길 때, 마음의 소리를 무시하지 말고 일단 해보는 거다.

내가 3년간 나의 내면아이와 치열하고 독하게 만나면서 모든 걸여기에 집중하며 살고 있던 어느 날, 아침에 이런 목소리가 들렸다.

'내면아이 치유 메신저가 되어 네 경험을 알려라.'

이때 내 안의 또 다른 나는 도무지 말도 안 된다고 타일렀다.

'괜히 쓸데없는 데 힘쓰지 말고 하는 거나 충실히 잘해. 지금 하는 일에 최선을 다하고 만족하며 살면 되지 않아? 일 벌리면 괜히 건강이나 나빠질 텐데.'

이 말이 틀린 말은 아니다. 나는 당시 체력에 비해 하는 일이 많아 만성 피로에 젖어 있었고, 두려움이 많은 상태였다. 그러나 이때나는 스스로에게 이런 말을 했다.

'실패해도 괜찮아. 그냥 시도해 봐. 넌 하고 싶잖아. 안 그래? 제발 자신을 속이지 마. 하고 싶은 건 해봐. 네 자신을 믿고, 다른 사람들 말에 휘둘리지 말고, 그냥 실행해 봐.'

오른쪽 무릎 뒤 오금에서 찌릿한 전율이 느껴졌다. 이 말을 들으면 사람들이 어떻게 반응할지 예측이 된다. 한 부류는 '용감하긴 한데 미치지 않고서야 저렇게 아무것도 모르면서 실행할 수 있어?'라고 할 것이고, 다른 한 부류는 '잠재의식을 곧이곧대로 믿고 실행했구나'라고 할 것이다. 나는 그저 나 자신을 믿고 그냥 저질렀다. 지금 나는 내면아이 치유 메신저로서 나의 경험담을 행복하게 전하는 메신저의 삶을 살고 있다.

내가 만약 그때 머뭇거리다가 실행하지 않았다면 어떻게 되었을까? 하루하루 되는 대로 살아가고 있을지 모른다. 그러면서 내 영혼의 울림을 놓쳐 버린 것에 대해 반드시 후회했을 것이다. 지금 내가 작가로서의 삶을 행복하게 살아가는 것도 일단 무조건 일을 저지르고 보는 실행력 덕분이다.

실행과 성공의 공통점을 꼽으라면, 그 둘 모두 '자신을 믿는' 용기가 필요하다는 것이다. 머리로 계산하고 조건이 갖추어졌는지 판단하다 보면 내가 할 수 있는 일보다 할 수 없는 이유들이 더 많이 보인다. 따라서 내가 판단하기 전에 먼저 실행해 보라는 것이다.

벤저민 프랭클린은 '언젠가'라는 말로 생각하면 실패하고, '지금'이라는 말로 행동하면 성공한다고 했다. 성공하는 사람들에게 공통점이 있듯이 실패하는 사람들에게도 공통점이 있다. 미국의 천재 마케터인 코리 루들은 이렇게 말했다.

"성공하지 못하는 사람의 공통점은 오직 이것뿐이다. 즉 질질 끄는 버릇 '프로크래스티네이션procrastination'이다."

나 역시 과거에는 일을 질질 끄는 버릇이 있었다. '내일 하면 되겠지', '언젠가 하면 되겠지'라는 말로 실행에 옮길 수 있음에도 불구하고 주저하다가 기억에서 사라진 일들이 많다. 그리고 나면 꼭 후회와 아쉬움이 남아서 스스로를 자책하곤 했다. 그러나 이런 버릇은 앞에서 말한 일들을 경험하고 나서부터 점점 사라졌다.

어차피 내가 해야 할 일이면 질질 끌 필요가 없다. 사실 시작이

반이기에 일단 저질러 보는 것이 훨씬 낫다. 시작했다면 이미 반은 해결된 것이나 다름없기 때문이다.

나는 작가라서 매일 조금씩이라도 글을 쓴다. 어떤 날은 연필에서 글이 나오듯 잘 써지지만, 어떤 날은 처음부터 시작할 마음이 도무지 들지 않는다. 이럴 때 내가 하는 방법은 말도 안 되는 이야기라도 '일단 써 놓고 보자'는 식으로 달려드는 것이다. 신기한 것은 이렇게 쓰다 보면 마침내 결론을 맺고 있는 나를 종종 보게 된다는 사실이다.

정신 의학자 에밀 크레펠린은 이런 정신 현상을 '작동 흥분 이론'이라고 했다. 이 이론에 따르면, 우리 뇌는 일단 움직이기 시작하면 멈추는 데에도 에너지가 소모되기 때문에 하던 일을 계속하는 게 더 합리적이라고 판단한다. 즉, 자동으로 작동되는 기계처럼 처음에 하기 싫던 일도 일단 하다 보면 계속하게 된다. 우리 뇌가 일단 움직이기 시작하면 멈추는 데에도 에너지가 소모되기 때문에 하던 일을 계속하는 것이 더 유리하다고 판단한다.

공부를 하기 싫으면 일단 책상에 앉으면 된다. 글이 안 써지면 일단 노트북을 켜면 된다. 새벽 5시에 일어나야 된다면, 어떤 것도 따지지 말고 일단 벌떡 일어나 이불을 걷어차며 일어나야 한다. 입맛이 없어도 한 술 뜨면 입맛이 돌듯이 무조건 닥치고 실행해 보는 것이다.

동기가 생기고 조건이 있어야 실행에 옮기는 것이 아니라, 일단 실행하면 동기도 생기고 조건도 보인다. 실행이야말로 최선의 학습 방법이다. 당신은 결정하고, 실행하고, 그 결과를 보면서 하나씩 배운다. 내가 원하는 분야에서 성공하고 싶다면 일단 실행력을 발휘해보자. 목표를 이루기 위해 우리가 취할 수 있는 최우선의 조치는 당장 실행부터 해보는 일이다.

제3장

과거는 눈물겹지만
미래는 눈부시다

내면아이 치유 메신저의 꿈을 이루다

가정 폭력 가해자들을 대상으로 가정 회복 집단 상담 프로그램을 진행하면서 꿈과 관련된 별칭 짓기를 했다. 그냥 생각나는 대로 별칭 짓기를 할 때는 단 5분 이내에 싱거운 별칭이 나왔는데, 꿈 별칭 짓기에는 10분 이상의 시간이 걸렸다.

'세상에 이럴 수가!'

세상에서 가장 억울한 일을 당한 사람인 양 부정적이었던 표정들은 사라지고 얼굴에 생기가 돌면서 웃음이 피어났다. 웃음기 없이 세상과 자신의 삶을 원망하며, '어디 걸리기만 해봐라'라는 듯 험상궂었던 표정들이 어린 시절 가졌던 꿈을 떠올리며 생기 있는 표정으로 바뀌었다.

자신을 사랑하기 위해서는 세상이 원하는 것을 하기 전에 자신이 원하는 삶을 살아야 한다. 그러나 그렇게 사는 것은 말처럼 쉽지 않다. 가족들의 공감을 얻지 못하거나, 생업과 곧장 연결되지 않는 꿈을 가지고 있을 때는 더더욱 그렇다.

대학교 시절, 나는 학교를 다니며 생업으로 아르바이트를 해야 했기에 시간이 늘 빠듯했다. 나의 꿈을 향해 달려가기보다는 생업을 위해 학원 강사, 편의점과 호프집 종업원, 번역, 회사원, 공공근로 등 여러 가지 아르바이트를 했다. 그 중에서 학원 강사 아르바이트가 시간 당 보수도 높고, 아이들을 가르치는 일이 적성에 맞기도 했다. 지금 내가 강사의 꿈을 이루게 된 것도 학원 강사로 일하면서 꿈을 키운 덕분이었다.

나는 "예전에 꿈이 뭐였어요?"라는 질문에 답하기가 제일 곤란했다. 그 질문을 들으면 이상하게 시선이 아래로 내려가고 어깨가 축 처졌다. 괜히 우울해지고 부끄러움, 열등감 같은 게 느껴졌다.

'꿈은 생각해서 뭐 해? 그런 건 여유 있는 사람들이나 갖는 거지. 솔직히 돈이 있어야 되는 거 아니야? 돈도 없는데 웬 꿈? 이렇게 살다가 언젠가 꿈을 찾을 날도 오겠지.'

나 스스로 이렇게 위로하면서 당장 꿈을 갖는 것은 사치라 생각했다.

그러던 어느 날, 아들이랑 나란히 누워서 잘 준비를 하고 있는데 아들이 얘기했다.

"엄마는 꿈이 뭐야?"

"엄마는 그냥…… 평범하고 돈 걱정 없이 잘 사는 거지."

나는 화제를 돌리고 싶은 마음에 재빨리 물어보았다.

"석이 꿈은 뭔데?"

아들은 해맑게 웃으면서 대답했다.

"음……, 난 영화 감독이야. 영화를 보고 나처럼 감동 받는 사람들이 많았으면 좋겠어. 영화를 보면 눈물도 날 것 같고, 웃기기도 하고, 슬프기도 하고, 신기해. 내 영화를 보면서 불쌍한 사람들이 위로를 받았으면 좋겠어."

'초등학교 1학년생이 이런 생각을 하다니!'

아들이 기특했고 자신 있게 답하지 못한 나 자신이 부끄럽기도 했다. 그러다가 문득 엄마로서 뭔가 대답을 해야겠다는 생각이 들면서 이런 말이 불쑥 나왔다.

"응, 엄마는 글을 쓰고 싶어. 석이 꿈처럼 힘든 사람들은 위로해 주고, 상담해 주고, 사람들을 더 행복하고 편안하게 해주고 싶어."

"행복해지는 사람들이 많았으면 좋겠다. 영화를 보고 사람들이 행복해지는 것처럼 엄마의 글을 읽고 희망을 갖고 더 행복해지는 사람들이 많아졌으면 정말 기쁘겠다."

그렇게 답하고 나니 온몸이 뜨거워지면서 나도 모르게 눈물이 흘렀다. 진정한 꿈이라면 꿈을 생각하는 순간 사랑하는 사람과 키스하는 것처럼 전율이 느껴지고 가슴이 두근두근 뛴다는 말이 맞나 보다.

《연금술사》에서 파울로 코엘료는 이렇게 말했다.

"인간의 마음이란 그런 것이지. 인간의 마음은 정작 가장 큰 꿈들이 이루어지는 걸 두려워 해. 자기는 그걸 이룰 자격이 없거나 아니면 아예 이룰 수 없으리라고 생각하기 때문에 그렇지. 우리 인간의 마음은 영원히 사라져 버린 사랑이나, 잘 될 수 있었지만 그렇게 되지 못했던 순간들, 어쩌면 발견할 수도 있었는데 영원히 모래 속에 묻혀버린 보물 같은 것들에 대한 생각만으로도 두려워서 죽을 지경이야.”

“내 마음은 고통 받을까 봐 두려워하고 있어요.”

“고통 그 자체보다 고통에 대한 두려움이 더 나쁜 거라고 그대의 마음에게 일러주게.”

예전에는 공부를 못하면 인생의 실패자이고, 돈을 제대로 벌지 못하면 낙오자라고 생각했다. 내 무의식에 속에 자라온 왜곡된 신념들은 꿈이 성장할 틈이 없게 만들었고, 어느 새 꿈의 씨앗마저 고사시켜 꿈 자체를 꾸지 못하게 했다. 고통이 올까 봐 두려워 아예 꿈을 차단해 버렸던 것이다.

자신을 들여다보는 것은 쉽지 않다. 발가벗은 나를 정직하게 마주하는 것은 용기가 필요한 일이다. 나의 내면아이를 치유하면서 나도 역시 고통스러웠다. 엄마가 친엄마가 아니라는 사실을 알게 된 11살, 그 날부터 나는 얼음 공주가 되었다. 원래 잘 웃고 외향적이었던 나는 다른 사람이 이 사실을 알게 될까 봐 새로운 만남을 꺼리게 되었고 소극적인 성격으로 변했다. 그런데 친엄마를 용서하지 못하는 나를 있는 그대로 수용하고 비난하지 않자 서서히 내면아이는 마음의 문을 열었다. 엄마에게 복수하기 위해 성공하려고 애썼던 지난날들이 안쓰럽고 애절하게 느껴졌다.

"얼마나 힘들었니? 네 덕분에 내가 이만큼 성장할 수 있었어. 그런데 그런 널 미워하고 비난해서 너무 미안해. 고맙고 사랑한다."

나는 내면아이에게 용서를 구하고 잘못을 빌었다. 마음을 열기까지 시간이 걸렸지만, 내면아이와 내가 화해하고 그 시간들이 흘러간 덕분에 현재 나는 내면아이 치유 메신저가 되어 있다.

내면아이 치유 메신저란, 내면아이 치유를 통해 자신의 상처를 극복하고 다른 사람의 내면아이를 치유해 주는 상담사이다. 이들은 상처를 치유하는 길을 스스로 걸어 보았기에 다른 사람의 상처에 공감하고 실천적인 방법을 제시할 수가 있다. 그리고 상담 기간 동안 마음이 우울하고 힘든 사람들에게 부정적인 생각을 줄이고 감사한 마음과 내면의 사랑이 채워지도록 도와준다.

그동안 우울하고 고민이 많은 내담자들을 수없이 만났다. 그 속에서 예전에 내가 경험했던 모습들이 담겨 있었다. 과거에 나는 아무것도 제대로 이루지 못하고 남과 늘 비교해 자신을 괴롭혔던 미운 오리 새끼였지만 지금은 당당히 꿈을 제대로 펼치는 백조의 길을 걷고 있다. 처음 내담자들을 만나면 그들의 무한한 가능성에 대해 그려 본다. 먼저, 에니어그램으로 성격 유형 검사를 하면 자신의 강점과 약점이 분명히 보인다. 약점을 고치는 것에 집중하지 않고 강점을 살리려면 어떻게 할지를 꼼꼼하게 알려준다. 나 자신에게 잠재력이 있다는 것을 알게 되면 그때부터 자신을 보는 관점이 달라진다. 상처에 파묻혀서 빛을 발하지 못한 강점과 잠재력들이 세상에 드러나 펼칠 수 있도록 돕는 역할이 메신저의 진정한 역할이다.

다음 단계는 내면아이 치유 단계로서 과거의 기억에서 벗어나도록 돕는 것이다. 과거의 기억이 부정적인 감정과 결부되면 아무리 그 기억을 잊으려고 해도 잘 잊혀지가 않기 때문이다. 그래서 심리 치유 기법인 EFT감정자유기법를 사용하여 과거의 기억으로 안전하게 돌아가서 내면아이를 온전하게 사랑하고 치유한다.

상처 받은 기억에 갇혀 있는 내담자들에게 나는 내면아이 치유 메신저로서 자신 있게 이런 말을 들려준다.

"지금 당장은 돈이 없고 힘들더라도 사랑받지 못한다는 생각, 원하지 않는 것으로부터 시선을 돌려서 무조건 원하는 쪽으로 생각하세요. 나는 당신이 생각보다 훨씬 잘할 수 있다는 걸 알고 있습니다."

당신은 상처
그 이상의 존재이다

나는 그늘이 없는 사람을 사랑하지 않는다.

나는 그늘을 사랑하지 않는 사람을 사랑하지 않는다.

나는 한 그루 나무의 그늘이 된 사람을 사랑한다.

햇빛도 그늘이 있어야 맑고 눈이 부시다.

나무 그늘에 앉아 나뭇잎 사이로 반짝이는 햇살을 바라보면 세상은 그
얼마나 아름다운가.

나는 눈물이 없는 사람을 사랑하지 않는다.

나는 눈물을 사랑하지 않는 사람을 사랑하지 않는다.

나는 한 방울 눈물이 된 사람을 사랑한다.

기쁨도 눈물이 없으면 기쁨이 아니다.

사랑도 눈물 없는 사랑이 어디 있는가.

나무 그늘에 앉아 다른 사람의 눈물을 닦아 주는 사람의 모습은 그 얼마
나 고요한 아름다움인가.

정호승의 《내가 사랑하는 사람》이다. 아픔을 극복한 사람은 다른

사람의 아픔에 공감할 수 있다. 내가 아픔을 잘 극복한다면 다른 사람들에게 또 다른 희망이 될 수 있다.

어느 날, 설거지를 하는데 문득 내 안에서 이런 목소리가 들렸다.

설거지는 그릇을 버리는 것이 아니라 그릇을 닦는 행위이다. 다시 잘 사용하기 위해 닦고 헹구고 그릇을 본래 상태대로 예쁘게 만드는 과정이다. 상처가 치유되면 이렇게 잘 닦인 그릇처럼 반짝반짝 예쁘게 빛이 난다. 난 내 안의 상처들을 잘 씻고 말린 경험으로 다른 사람들의 상처들을 치유하며 어루만져 줄 수 있는 굉장한 일을 하고 있다. 잘 하고 있다. 잘 살고 있다.

순간 울컥하면서 눈가에 눈물이 살짝 맺혔다. 지나온 고단한 과정들이 떠오르면서 나를 아프게 했던 상처들에게 감사한 마음이 생겼다. 나에게 그런 경험들이 없었다면, 다른 사람들의 상처에 과연 얼마나 공감할 수 있었을까. 어쩌면 내 영혼은 내가 태어나기 전부터 이런 상처들을 겪을 것을 선택했을지도 모른다. 영혼은 아마 이렇게 말했을 것이다.

"나는 이런 종류의 상처들을 선택할래요. 세 번 상처를 겪으면 난 마음의 키가 부쩍 성장하겠죠? 여섯 번째 상처는 쓰나미 같네요. 하지만 그만큼 교훈도 크겠죠? 그것도 겪어볼래요. 여덟 번째 상처는 여섯 번째에 비해 엄청 시시하네요. 이건 거뜬히 이겨낼 수 있을 거 같네요."

혼자 이런 상상에 빠져 설거지를 하다 보니 금세 마무리가 되었다. 내 생각이 사실이든 아니든 관계없다. 중요한 건, 어떤 경험이든 다 소중하다는 것이다.

나는 어릴 때부터 눈물이 참 많았다. 감수성이 예민하고 섬세한 면이 있어서 그랬던 것 같다. 지난날 알 수 없는 우울감과 불면증에 허우적거릴 때, 이런 증상은 더 심해졌다. 길을 가다가도 울고, 양말을 신다가도 울었다. 그때 나와 인연이 된 게 웃음 치료였다. 밥을 먹을 때 편식하지 않아야 하듯이 사람 안에서 감정은 다양하게 표출되어야 한다. 그런데 나는 그동안 슬픔에 집중하느라 어느 순간 웃음을 잃어버리고 말았다. 웃음으로 긍정적인 기력을 회복한 건 내게 큰 축복이었다. 나는 힘을 얻어 내 안의 나를 찾기 위해 내면아이 치유와 EFT로 나의 깊은 상처들과 아픔들을 만나게 되었다. 그 전까지만 해도 나는 상처를 감싸는 데에만 급급했다. 일부러 더 밝게 보이려고 애썼고, 분위기 메이커가 되기 위해 긍정적으로 행동했다. 하지만 그럴수록 내면에서는 슬픔이 차올랐다. 처음에는 그런 내 감정의 매듭을 푸는 것이 꼭꼭 잘 싸매고 있던 보따리를 푸는 것마냥 쉽지 않았지만, 시간이 흐르고 상처들을 사랑으로 보게 되자 자연스럽게 풀어졌다.

EFT와 내면아이 치유는 나에게 큰 빛줄기였다. 하지만 만약 내가 스스로 상처들을 내보이지 않았다면 빛줄기가 아무리 크고 밝았다 해도 그 상처들을 만나지 못했을 것이다. 많은 사람들이 자신의 상처를 치유하기 위해 심리 치유에 문을 두드리지만, 큰 성과를 보지 못하는 이유가 그것이다. 머리로는 상처를 치유하길 원하지만, 마음으로는 자신의 상처와 직면하기를 거부한다. 이처럼 빛과 상처가 만나려면 상처를 지닌 사람의 용기가 절실히 필요하다.

외상 후 스트레스 장애PTSD는 어떤 일을 겪으면서 받은 스트레스를 이겨내지 못하는 상태를 말하는 것으로서, 그 원인은 사고, 성폭행, 가정 폭력, 따돌림, 재해, 가족의 죽음, 이혼, 사직 등 매우 다양하다. 이것을 극복하기 위해서는 먼저 용기 내어 말로 표현하고 쌓인 것을 털어 내야 한다. 그런데 대부분의 사람들이 털어야 할 것을 쌓아 두고는 보기는 싫어한다. 그러면 그 증상은 더 깊어진다. 일단 뇌에 입력된 기억들은 보기 싫어한다고 해서 저절로 사라지는 것은 아니기 때문이다. 이런 경험들은 꿈에 나타나기도 하고, 사건과 관련된 장소, 사람을 무조건 피하게 만든다.

회사원인 H는 연예인처럼 얼굴이 작고 외모가 뛰어난 여성이었다. 그녀는 나와 눈을 마주치지 못하고 시선을 아래로 떨구고 있었다. 그녀는 큰 한숨을 쉬며 어릴 때 성추행을 당한 경험을 이야기했다. 초등학교 3학년, 보습학원에 다닐 때의 일이었다. 예쁜 그녀를 남자 원장이 유달리 예뻐했다고 한다. 그러던 어느 날, 보충 수업을 하기 위해 혼자 남아서 수업을 하고 있는데, 원장이 화장실에 간 그녀를 몰래 따라 들어와 추행한 뒤 다른 사람들한테 절대로 말하면 안 된다고 위협했다.

집으로 돌아간 그녀는 최대한 깨끗이 씻고 또 씻었다. 하지만 불쾌한 마음은 떨칠 수가 없었다.

'엄마한테 다 말할까? 그런데 엄마가 믿어 줄까?'

엄마와 원장은 오래 전부터 알고 지낸 친한 동네 주민이었다. 그녀는 고민했으나, 원장이 다른 사람들에게 말하면 절대 안 된다며 위협하던 말이 생각나 무서웠다. 그 일이 하루 빨리 기억에서 지워지길 고대하면서 어린 그녀는 이불을 뒤집어쓰고 울다가 잠이 들어 버렸다.

그 일을 겪은 후, 그녀는 화장실을 혼자 가기가 무서워졌다. 특히 남녀 화장실이 나란히 있는 곳은 더욱 더 가기가 꺼려졌다. 너무 급할 때는 할 수 없이 들어가는데, 들어갔다가도 누군가 노크를 하기만 해도 깜짝 놀라곤 했다. 외출하면 화장실 가는 게 불편해서 급한 볼일만 보고 얼른 집으로 들어간 적도 수없이 많았다. 그녀는 아무에게도 이 사실을 이야기하지 않다가 상담을 하러 와서야 비로소 털어놓은 것이었다.

"잊어질 줄 알았어요. 그런데 꿈에서도 나타나고, 이제는 자주 깨어서 잠도 잘 못자요."

악몽으로 나타나는 것은, 마음이 힘들어 한다는 신호이다. 몸을 다치면 피가 나는 것처럼, 마음도 아프고 힘들면 신호를 보내게 되는데, 그때는 도움이 절실히 필요한 시기다. 그냥 방치할 경우 그 사건을 자꾸 되새기게 되고, 그것이 극단적인 상황을 선택하도록 나를 부추길 수 있다. 그녀는 내면아이 치유로 자신의 상처를 털어 내면서 점점 단단해졌다. 누군가에게 진심 어린 공감을 받을 때, 우리는 사랑의 빛으로 눈물로 얼룩진 상처를 치유할 수 있다.

틱낫한의 산문 〈틱낫한의 평화로움〉 중에서 다음 이야기를 나누고 싶다.

비록 삶이 힘들더라도, 때로는 미소 짓는 것이 고통스럽다 해도, 우리는 시도하지 않으면 안 된다. 서로에게 '좋은 아침!' 하고 인사할 때, 진정으로 좋은 아침이 되어야 한다.

최근에 한 친구가 물었다.

"내 마음이 슬픔으로 가득 차 있는데 어떻게 억지로 미소 지을 수 있습니까? 그것은 자연스럽지 않습니다."

나는 그녀에게 말했다. 슬픔에게도 미소를 보낼 수 있어야 한다고. 왜냐하면 우리는 슬픔 이상의 존재이기 때문이다.

슬픔이나 괴로운 감정에 빠지면 오로지 한 쪽만 보고 긍정적인 상황을 잘 보지 못한다. 나라는 존재를 슬픔과 동일시하기 때문에 헤쳐 나오는 건 더더욱 힘들다. 상처도 마찬가지다. 상처와 나를 동일시하면 상처의 굴레를 빠져 나오기 어렵고 눈물로 한 많은 세월을 보내게 된다. 상처란 수많은 기억 속의 일부임을 인정하고 빛과 만날 수 있도록 용기를 내야 한다. 내면아이 치유로 기억 속에서 울고 있는 상처와 만날 수 있도록 도와주어야 한다. 반드시 기억해야 하는 것은 이것이다. 세상에서 하나뿐인 당신은 상처, 그 이상의 존재이다.

이미 이룬 것처럼
생각하고 기록하라

얼마 전, 공무원 시험에 합격한 L이라는 내 친구의 이야기이다.

어느 날, 그녀는 새벽 3시에 잠에서 깨었다. 그녀는 하루 5시간 씩 자면서 공무원 시험을 준비하고 있던 상황이었다. 그녀는 '이왕 깬 거 공부나 하자'라는 생각이 들어 거실로 나가 커피를 마셨다. 그런데 그 순간 그녀의 내면에서 이런 말이 들려왔다.

'왜 국사 점수가 이렇게 안 나오는 걸까?'

매번 국사에서 과락을 맞아 세 번째 도전에서도 실패한 그녀였다. 그러자 또 다른 대답이 들렸다.

'네가 국사를 싫어하니까 그렇지.'

맞다. 그녀는 국사를 너무 싫어했다. 과거의 일인데 뭐가 그리 중요하다고 연대기에 왕 이름, 사건들을 연관시켜 의미 없이 줄줄 외어야 한단 말인가. 국사는 그녀에게 늘 부담스러운 과목이었다.

그때 문득 이런 생각이 들었다.

'그럼 앞으로 내가 국사를 좋아하면 어떻게 될까?'

이후 그녀는 국사 공부를 하느라 애쓰기보다 국사를 즐기면서 공부하자고 마음먹었다. 책에서 본 것이 이해가 되지 않으면 직접 박물관에도 가보고, 역사 드라마도 짬짬이 시청하면서 재미를 붙였다. 그러자 시험 공부에 대한 조급함이 차츰 줄어들었고, 기분 좋게 공부를 할 수 있게 되었다. 그러던 어느 날, 그녀는 종이에 '나는 92점 점수로 당당히 합격한다'라고 써 놓았다.

얼마 후 시험을 본 그녀는 합격 점수를 보고 경악을 금치 못했다. 기대했던 대로 점수가 92점이 나왔기 때문이었다. 그녀는 마치 점치듯이 자신의 합격 점수를 맞춘 것이다. 합격의 기쁨도 컸지만, 합격 점수를 맞춘 자신의 능력이 더 신기했다.

그녀는 늦은 나이에 공부를 시작하여 세 번의 실패 끝에 공무원 시험에 합격했는데, 그 비결이 자기 암시를 활용한 것이었다. 자기 암시란, 자신이 이루고자 하는 것을 얻기 위해 마음속으로 이미 얻었다고 믿고 상상하는 것을 말한다. 즉 이루고 싶은 것이나 갖고 싶은 물건을 이미 되었고, 가졌다고 믿고 상상하는 것이다.

상상력이 풍부한 사람은 자신의 꿈을 이룰 때 생생한 상상을 동원해서 자기 암시를 한다. 따라서 그렇지 않은 사람에 비해 성공하거나 꿈을 이룰 확률이 높다. 스필버그 감독은 무명 시절 영화 감독이 되는 꿈을 매일 상상했다. 그는 어려서부터 미치도록 영화를 좋아했다. 21세 때, 그는 20분짜리 단편 영화를 만들어 세상에 나왔으며, 할리우드 사상 최연소 감독으로 조명을 받기 시작했다. 그리고 마침내 그는 '할리우드의 흥행 보증 수표'가 되었다.

꿈을 향한 강한 열망을 가진 사람은 하루에도 수백 번씩 꿈을 이룬 자신의 모습을 상상한다. 상상은 두뇌 속에 있는 표상을 개조와 결합이라는 작업을 거쳐 새로운 이미지로 만들어 내는 심리 과정으로, 뇌의 작용에 정신이 결합되면 상상하는 이미지가 실제처럼 느껴진다. 그리고 이런 상상은 곧 현실이 된다.

아테네 올림픽에서 우리나라에 첫 금메달을 안긴 이원희 선수를 보자. 그는 우승 후, 인터뷰에서 이런 말을 했다.

"침대 매트리스를 유도 매트로 상상해 잠을 자면서도 훈련을 했어요."

또한 미국 골프 선수 타이거 우즈는 평소 전속 멘탈 트레이너를 6명이나 두어 훈련 비용의 절반 이상을 지불하면서까지 자기 암시에 많은 비중을 두었다고 한다.

오늘보다 더 나은 내일을 살고 싶은가? 그렇다면 자기암시를 즐길 줄 알아야 한다. 자신이 바라는 것을 지혜와 영감의 보고인 정신적 우주에 정확하게 요청해야 한다. 그 방법으로, 자기가 바라는 것들을 종이에 적어 놓고 하루에도 수십 번씩 들여다보면서 소리 내어 말하고, 생생하게 상상해야 한다. 소망을 적는 행위는 우주에 신호를 보내는 것과 같다. 그러면서 이미 그것들을 이룬 것처럼 생각하고 행동해야 한다.

나는 2014년 5월, 나의 내면 노트에 소망 5개를 구체적으로 써 보았다.

- 내면아이 치유 EFT 전문 상담가 되기
- 수상 스키 배우기
- 작가로서의 꿈을 이루기
- 선루프가 달린 검정색 차 구입하기
- 몽블랑 만년필 사기

4개월 만에 5개의 소망을 다 이루었다. 적는 힘은 이렇게 대단하다. 처음에 쓸 때는 막막하고 의심이 들었다. 내 소망을 듣고 가족들은 실용적이지 못하고 현실 가능성이 없다고 말했다. 하지만 나는 그 말에 신경 쓰지 않았다. 오히려 이것들을 이루었을 때의 내 모습은 어떨지를 상상하면서 기분이 좋아지는 데 집중했다. 그 결과, 자기 암시를 활용하여 내 소망들을 보다 빨리 이룰 수 있었다.

자기 암시는 정확하면서 강력한 우주의 법칙이다. 나의 또 다른 소망은 벤츠 E클래스 카브리 올레를 가지는 것이다. 나는 이것을 내 수표에 기록해 놓았다. 아침에 일어나자마자 책상에 앉아 이것을 보며 내 꿈이 실현되었을 때를 상상했다. 시간이 날 때마다 벤츠 전시장에 가서 시승도 해보면서 핸들의 느낌, 승차감, 가죽 시트의 느낌을 느껴 보았다. 이 느낌으로 벤츠 오너가 되어 선글라스를 끼고 맑은 하늘 아래, 해변 도로를 자유롭게 주행하는 내 모습을 상상을 했다. 이런 상상을 하면, 즉시 기분이 즐겁게 바뀌어 너무 행복하다.

짐 캐리는 영화 배우가 되기 위해 캐나다에서 무작정 미국으로

왔다. 그의 아버지는 그가 어렸을 때 세상을 떠났고, 어머니는 병으로 누워 있었다. 그는 너무나 가난한 탓에 한동안 집 없이 거리에서 노숙을 하거나 고물 자동차에서 잠을 자기도 했다. 하루 한 개의 햄버거로 끼니를 잇고, 빌딩 화장실에서 세수를 하며 생활하던 어느 날, 그는 불쑥 이런 생각을 했다.

'남은 인생을 고통스럽게 살고 싶지 않아. 분명 내가 미국에서 잘할 수 있는 일이 있을 거야. 나에겐 꿈이 있어.'

1990년 어느 날, 그는 도시가 한눈에 내려다보이는, 할리우드에서 가장 높은 언덕으로 차를 몰았다. 그곳에서 하염없이 도시를 바라보던 그는 햄버거 포장지에 '5년 뒤인 1995년 추수감사절에 나 자신에게 천만 달러를 지급하겠다'고 쓰고 서명을 했다. 그날 이후, 그는 매일 그 종이를 몸에 지니고 다녔다.

어느덧 1995년이 되었다. 놀랍게도 그는 추수감사절 전날에 영화 〈덤 앤 더머〉의 출연료로 700만 달러를 받았다. 그리고 얼마 후 연말에는 〈배트맨〉의 출연료로 천만 달러를 받았다. 5년 전의 목표가 현실이 된 것이다. 그해를 기점으로 그의 명성은 나날이 높아졌고, 그는 곧 세계적으로 유명한 영화 배우가 되었다.

짐 캐리가 꿈을 이룬 비결은, 꿈을 적은 종이를 항상 몸에 지니고 다닌 데 있었다. 그는 습관처럼 그 종이를 들여다보면서 곧 자신이 스타가 되어 종이에 적힌 금액의 수표를 받는 모습을 상상했다. 그리고 마침내 그는 할리우드의 최고 스타, 흥행 보증 수표가 되었다. 물론 그가 그토록 화려하게 성공할 수 있었던 데는 꿈을 향한 도전과 끈기, 노력도 빼놓을 수 없는 요인이 되었다.

상상력과 잠재력은 어떻게 활용해야 할까? 첫째, 자기 암시는 가장 즐거운 순간에 하는 게 좋다. 즉 내가 원하는 것들을 가장 즐거운 순간에 생생하게 상상한다. 나는 미용실에서 잡지를 보며 머리 손질을 할 때 기분이 한껏 좋아진다. 이때 내가 꿈꾸는 것들을 생생하게 상상한다. 박하향의 사탕을 먹은 것처럼 두피 마사지를 시원하게 받고 한껏 예쁘게 파마를 하며 거울을 통해 미소 짓고 있는 나의 모습을 본다. 그러면서 동시에 나의 소망이 이루어지는 모습도 상상한다. 이미 이 꿈들이 실현되어 내가 파마를 하고 있다고 착각할 정도이다.

그리고 이때 중요한 것은 감사하는 마음 자세이다. 감사는 성공과 부를 끌어당기는 자석이 되어 자신이 원하는 것들을 무한정 끌어당기기 때문이다. 나는 미용실에서 전문 미용사가 정성스레 나의 머리를 만져주는 것에 감사하고, 집 근처에 이런 훌륭한 미용실이 있음에 감사한다. 그리고 비용을 선뜻 지불할 수 있는 나의 풍요에도 깊이 감사한다.

당신 역시 현재 자신이 가진 건강, 풍요, 인간 관계 등에 대해 깊이 감사할 수 있다. 감사한 것들에 대해 생각해 보면, 내가 얼마나 많은 것을 누리며 살고 있는지 알게 된다. 이 감사의 마음으로 자신이 원하는 모습을 상상하는 것이다.

둘째, 자기 암시를 통해 당신은 더욱 사랑하고 사랑받을 수 있다. 지금 사랑하는 사람과 사귀고 있는 사람은 지금보다 더욱 사랑받는 자신의 이미지를 생생하게 그려야 한다. 만일 사랑하는 사람이 없다면, 자신의 이상형에 대해 구체적으로 생각해 보아야 한다. 대부분 '이 사람이다' 싶은 사람을 열심히 찾다가 만나지만 '이런 사람을 내가 왜 선택했을까?' 후회하는 경우가 많다. 막연히 사랑을 찾기만 해서는 이상형을 만나기가 어렵다. 사랑을 찾는다는 것은 스스로 사랑이 결핍된 상태를 뜻한다. 이런 상태로는 결국 결핍된 사랑의 상태를 현실로 초대하게 되기 때문에 이상형을 만날 가능성과 멀어진다. 해결책은 돈 한 푼 안 드는 상상력을 활용하여 내 이상형을 생생하게 적는 작업을 해보는 것이다.

헨리에트 앤 클라우저의 저서 《종이 위의 기적, 쓰면 이루어진다》에서 글로리아라는 인물이 원하는 이상형을 생생히 적은 후 현실에서 그대로 만나게 되는 이야기를 들어보자.

당신은 다른 사람과 흥미로운 아이디어에 대해서 대화를 나누고 있습니다. 그때 내가 그곳에 들어서고 우리는 즉각 서로를 알아봅니다. 서로의 삶에 중요한 존재임을 인식합니다. 나는 당신의 외모를 보고 당신임을 알아차립니다. 당신의 눈에서 불꽃이 일어납니다. 당신의 눈은 삶에 대한 유머와 지식과 재치로 반짝거립니다.

내가 자신 있게 말할 수 있는 것은 단 한 가지, 삶은 당신이 이미 이룬 것처럼 생각하고 기록한 대로 펼쳐진다. 자신이 가진 최대의 보물인 상상력과 잠재력을 지금 이 순간 적극 활용해 보라. 인생을 빛나게 해 줄 성공의 열쇠는 이미 이룬 것처럼 생각하고 기록하는 그 자리에 있다는 것을 기억하자.

E F T 간단히 시작해볼까요?

"나조차도 너무 오랫동안 외면해서 그 부정이 '나'인 것처럼 인식되지만, 그런 '나'를 온전히 들추어서 구석구석 아닌 척하고 눈을 피하고 있는 그 '사실이 아닌 생각'들을 청소하는 작업을 해주어야 합니다."

《EFT로 두드리며 따라하는 자기긍정 다이어리》의 저자 김화숙은 부정적인 생각의 습관을 EFT로 지워야 할 필요성을 강조했다. 부정적인 생각은 하면 할수록 부정적인 마음의 힘이 커지고, 그 결과 나는 점점 더 괴로워진다. 마음이 불편하여 힘들 때마다 타점을 두드리면서 간단한 기본 문장으로 EFT를 실천해보자.

'나는 (면접을 망칠까 봐 너무나 불안하지만) 그런 나를 인정하고 사랑합니다.'

EFT에서는 위 문장을 '수용 확언'이라고 한다. 문제를 해결하기 위해 EFT를 시작할 때 가장 처음에 해주는 작업이다. 괄호 안의 내용은 내가 해결하고 싶은 증상으로서, 자기가 원하는 것 무엇이든 넣어도 좋다. '나는 상사에게 혼나서 화가 나지만, 나는 방금 전에 한 선택이 후회스러워 짜증이 밀려오지만, 나는 잠을 제대로 자지 못해 피곤하지만……' 등등 각자 느끼는 증상을 넣고 타점을 두드리며 소리 내어 말한다.

타점을 두드리는 방법은 다음과 같다.

두드리는 손은 어느 쪽이든 편한 손으로 검지와 중지를 가지런히 나란하게 모아서 두드리고 타점 중 일부는 대칭적으로 신체 좌우에 위치하는데, 양쪽을 다 두드려도 되고 어느 쪽을 두드려도 상관없다. 가슴 압통점은 두드리지 말고 양손 손가락으로 넓게 문질러주면 된다.

현재의 고통지수를 0~10까지 주관적으로 측정하여 증상을 소리 내어 말하고, 증상에 관련된 내용을 눈썹, 눈 옆, 눈 밑, 코 밑, 입술 아래, 쇄골, 겨드랑이 아래, 명치 옆, 엄지, 검지, 중지, 소지, 손날, 손등 점을 두드리고 난 후 고통지수를 측정한다. 고통지수 수치가 떨어졌거나 변화가 있다면 수치와 감정을 적고 반복한다. 고통지수가 그대로이거나 변화가 없다면 해결하고자 하는 문제 중 기억나는 장면을 구체적으로 세분화해서 반복해본다.

모든 경험은
축복이다

저녁 늦게 아이가 아파 응급실에 간 일이 있었다. 신종 플루가 유행했던 때였다. 심한 고열 때문에 몹시 당황해서 내내 기도하며 강남 세브란스 병원 응급실로 갔다. 고열에 시달리는 아이들이 잔뜩 와 있었다. 나는 우리 아이가 혹시라도 고열 때문에 잘못될까 봐 걱정이 많이 되었다. 그렇게 두 시간 만에 진땀을 흘리며 치료를 받은 후, 병원을 빠져 나와 주차 요금을 계산하려고 할 때였다. 주차 요원 아주머니가 나에게 이런 말을 건넸다.

"애기 엄마, 직장 다니랴, 애기 챙기랴 애쓰네요. 조심히 가세요."

검은 정장을 입은 내 모습이 직장맘으로 보였나 보다. 그런데 별 뜻 없는 그 몇 마디에 나는 눈물을 뚝뚝 떨구었다. 병원에 있는 내내 혹시 아이가 잘못되지나 않을까 조마조마하던 마음, 발 동동 구르며 바쁘게 진료실을 찾아다녔던 수고로움이 눈 녹듯 사라졌다.

병원에 가면 그제야 건강이 얼마나 소중하고 감사한지 알게 된다. 평소 나와 가족들이 건강한 건 당연한 일이라고 생각하는데, 사실 너무나 감사한 일이라는 것을 새삼 깨닫게 된다.

'그래서 내게 이런 경험을 하게 했던 것일까?'

문득 그런 생각이 들었다. 감사를 잊지 말고 살자고…….

내가 상담했던 내담자 P의 이야기이다. 그녀는 취업에 거듭 실패하고 뭘 할까 고민하다가 공무원 시험을 준비했다. 3년간 노량진에서 혼자 독하게 공부했는데 영어 과목에서 계속 과락이 나와 너무 괴로웠다. 다른 친구들은 취업을 해서 잘 살고 있는데, 혼자 고시원에서 공부를 하고 있는 자신이 너무 한심했다. 공부할 시간이 부족해서 사람들과의 교류도 끊었다. 그녀가 하루 종일 하는 말은 "해장국 주세요" 딱 한 마디였다. 수험 생활을 해 본 사람은 알 것이다. 온종일 한 마디도 하지 않은 채 시체처럼 수업을 듣고 밤이 되면 파김치가 되어 고시원으로 복귀하는 생활이 얼마나 힘든지. 육체적으로도 지치고 힘들었지만, 정신적으로 더 힘이 들었다.

하루는 고시원에서 혼자 공부하고 있는데, 이런 목소리가 또렷이 들렸다.

"나가서 죽어라. 네까짓 게 뭘 하겠어. 그럴 거면 죽어버려."

그녀는 너무 놀라 뒤를 돌아보았다. 고시원에는 그녀 말고는 아무도 없었다. 그런데 목소리가 너무 또렷했다.

'환청일까? 아닐 거야. 괜찮을 거야.'

'지금은 무조건 공부에 올인 해야 돼. 쓸데없는 고민 말자.'

그녀는 그런 생각을 하며 마음의 소리를 억누르고 회피했다. 이상한 소리가 또 나올까 봐 공부에 더 집중하고 최대한 이를 악물고 회피했다. 고군분투 끝에 그녀는 공무원 시험에 합격했다. 몇 번의 실패 끝에 합격한지라 너무 기뻤다. 그러나 합격의 기쁨은 잠시, 직장에서는 능력보다 더 많은 일들을 떠안게 되었고, 괴팍한 민원인들만 상대하게 되었다. 그녀는 마음이 괴로워서 내면아이 치유를 하게 되었다.

내면아이 치유를 하게 되면, 자신의 온갖 상처들을 상담가에게 털어놓게 된다. 위의 경험은 내담자가 28년간 아무에게도 말하지 않았던 사연인데 나에게 처음으로 털어 놓았다며 눈물을 글썽거렸다. 내면에 꼭꼭 숨겨 놓았던 이야기를 상담가를 믿고 안전하다는 판단 하에 끄집어 내놓은 것이다. 그녀는 대단한 용기와 믿음으로 비로소 자신의 상처를 세상에 드러낼 수 있었다.

여기서부터 바로 치유는 시작된다. 다큐멘터리 〈약자들의 등불이 되다, 오프라 윈프리〉에서 오프라 윈프리는 이렇게 말한다.

"이야기하세요. 사람들이 당신을 믿지 않더라도 모두에게 계속 이야기하세요. 누군가 당신의 말에 귀를 기울일 때까지요. 최소한 제 경험을 통해 뭔가 좋은 일을 할 수 있을 것 같습니다. 저처럼 학대 받는 아이들이 없길 바랍니다."

오프라 윈프리는 방송에서 자신의 상처를 대중 앞에서 드러내었다. 이 고백을 바탕으로 상처를 치유하는 방법을 '오프라피케이션 Oprahfication'이라고 부른다. 그녀는 자신의 아픈 경험을 인생의 자양분으로 삼게 되었다. 상처를 드러낸 순간 더 이상 상처에게 갇히지 않고 상처로부터 자유로워진다. 따라서 상처는 보관해서는 안 된다.

냉장고에 보관된 오래된 음식물이 어떻게 되는가? 냉장고라서 안심인가? 아니다. 언젠가는 부패한다. 오히려 이 부패한 음식물로 인해 다른 멀쩡한 음식물들에게까지 영향을 준다. 건강한 나의 마음 상태에 오래되고 부패한 음식물 같은 상처가 있으면, 그것은 나의 정신 건강 전체에 영향을 미친다.

예전에 나는 한동안 SBS 수목드라마 〈괜찮아 사랑이야〉를 보는 재미에 빠졌었다. 주인공 조인성(이하 장재열)의 직업이 베스트셀러 작가라는 이유에서였다. 작가인 나로서는 그 사실 하나만으로도 공감이 되었다. 배우 공효진(이하 지해수)이 정신과 의사로 등장하는데, 그녀는 어릴 때 엄마가 외도하는 장면을 본 충격으로 섹스를 하지 못한다. 정신치료에 관한 전문가지만, 어린 시절의 상처가 건강한 성인이 되지 못하도록 그녀의 발목을 잡은 것이다. 장재열은 어린 시절 의붓아버지가 가족들을 폭행했던 상처를 안고 있었다. 그는 폭력을 견디다 못해 결국 엄마가 그 의붓아버지를 죽였다는 사실을 알면서도 엄마를 위해 형이 범인이라고 위증하여 형이 억울하게 감옥살이를 하게 만든 어두운 기억을 갖고 있었다. 그로 인해 그는 오랫동안 죄책감에 시달리는 정신증을 앓고 있었다.

내적 아픔이 있으면서도 상처를 치유하지 않고 아닌 척하며 살아가는 우리들을 꼬집는 드라마였다. 사람들은 외적 상처는 보이니까 치료에 적극적이지만, 정작 보이지 않는 내적 상처는 외면하고 무작정 덮으려 한다. 시간이 지날수록 상처는 곪아가고, 결국엔 치유하기 어려운 지경에까지 이르게 된다.

장재열과 지해수는 상처가 있지만 서로의 상처를 이해하고 보듬으면서 사랑하는 관계로 진전된다. 그들이 이야기하는 '사랑'이 과연 어떤 힘을 가지고 있는지 들어보자.

"너도 사랑 지상주의니? 너는 사랑이 행복과 기쁨, 설렘, 용기만을 줄 거라 생각하니?"

"고통과 원망, 아픔과 슬픔과 절망과 불행도 주겠지. 그리고 그것들을 이겨낼 힘도 더불어 주겠지. 그 정도는 돼야 사랑이지."

"그건 또 누구한테 배웠니?"

"사랑한테 배웠지."

우리가 추구하는 사랑은 핑크빛 경험만 주지 않는다. 그러나 모든 것을 뛰어넘는 것이 사랑이기에 우리는 그래도 사랑을 하려고 한다. 그러면 모든 경험이 축복일까? 좋고 행복한 경험만 축복일까? 우리는 좋은 경험은 나에게 축복이라고 생각하지만, 나쁜 일이나 고통스러운 경험을 포함하는 모든 경험들을 다 축복이라고 생각하기가 쉽지 않다. 이에 대해 스펜서 존슨은 《선물》이라는 책을 통해 이런 교훈을 준다.

"지금 이 순간에 옳은 것을 따를수록 나중에 더 행복해진다네. 마음도 더 평안해질 뿐만 아니라 그럴 때라야만 우리가 현재 속에서 존재하는 게 더 쉬워지지 않겠나."

"그 현재가 아주 고통스럽다면요. 예를 들어 사랑하는 사람을 잃었다면 어떻게 해야 하죠?"

"고통이란 현재 상태와 우리가 바라는 상태의 차이일 따름일세. 다른 모든 것들처럼 현재의 고통 역시 계속해서 변하지. 그저 왔다가 갈 뿐이야. 완전히 현재 속에 사는데도 고통을 느끼고, 그리고 그 때문에 좌절한다면, 그때는 무엇이 옳은가부터 생각해보고 그에 따라 행동하면 될 걸세."

하루는 우리 집에 우편물이 하나 날아왔다. 속도 위반 고지서였다. 며칠 전, 안산으로 강의를 하러 가다가 속도 위반을 한 일이 있었다. 시속 80km 구간인데 84km로 운전했다. 순간 나 자신에게 화가 났다.

'왜 그때 운전할 때, 아는 길이라고 내비게이션을 켜지 않았을까?'

'급한 상황도 아니었는데, 왜 과속을 했던 걸까?'

이런 저런 이유로 스스로를 자책했다. 실수로부터 배우려고 하지 않고 자책을 하면서 고통을 겪고 있었다. 불편한 마음이 들어 멈추어야 한다고 생각했다. 그러기 위해 이 상황에서 긍정적인 부분들을 찾아 적어 보았다.

'그래, 어차피 실수를 했고, 여기서 더는 자책하지 말자. 그나마 과태료가 비싸지 않아서 다행이다. 최소한의 피해로 앞으로 과속을 안 하도록 막았으니 어쩌면 오히려 이게 내 삶의 축복일지도 모른다. 속도 위반하는 것도 습관인데, 이제 앞으로는 반드시 규정 속도를 지키자. 강의 있는 날은 더 여유 있게 일어나 서두르지 않도록 하자.'

이 일에서 되도록 다행스럽고 감사한 점들을 찾아보았다. 처음에는 찾기가 힘들지만 찾을수록 내 마음이 차츰 평안해짐을 느꼈다. 그리고 기분 좋게 과태료를 내게 되었다. 나를 더욱 기쁘게 했던 사실은, 실수는 속도 위반 한 가지였지만 그것을 축복으로 바라볼 수 있는 긍정의 힘이 커졌다는 점이었다. 앞으로도 어떤 경험이든 이처럼 축복으로 여긴다면 두려움이나 자기 비난은 훨씬 줄어들리라고 본다.

지금 당장 자신의 나쁜 경험을 축복으로 바꾸어 써보라. 모든 경험을 축복으로 여길수록 당신의 내면은 더 단단해짐을 느낄 것이다.

상처는 피하는 게 아니라
안아주는 것이다

문득 나의 첫 출산 때가 기억난다. 2004년 1월 1일, 나는 인천에서 아들 현석이를 출산했다. 생일이 1월 1일이라고 하면 사람들의 눈이 동그래진다. 예정일은 12월 29일이었는데, 출산일은 신기하게도 1월 1일이었다. 나는 현석이의 생일을 우주에서 보내준 날짜라고 생각한다. 이 날짜를 근거로 나는 여느 학부모처럼 '공부하라'라는 말 대신 입버릇처럼 아들에게 '넌 축복으로 태어났고, 크게 될 사람이다'라는 말을 하곤 한다.

누군가는 '생일 날짜하고 크게 되는 것하고 무슨 상관이냐'고 반문할 수 있다. 그러나 나는 '사람은 믿는 대로, 생각하는 대로 된다'는 말의 힘을 믿기에 자신 있게 이 말을 한다.

나는 태어나 자라는 동안 "네가 태어난 건 세상의 가장 큰 축복이다"라는 말을 들어본 적이 없다. 오히려 "엄마가 너를 버려서 고아원 갈 뻔했다", "영도다리 밑에서 새벽에 주워 왔다"라는 말을 많이 듣고 자랐다. 그래서 내 머릿속엔 '나는 축복받지 못한 아이구나'라는 부정적 신념이 강하게 틀어박혔다. 지금은 마음이 건강해져서

'그때 고아원에 갔으면 나도 샤넬 코코처럼 굉장하고 유명한 디자이너가 되었을 수도 있었겠다'는 생각을 할 정도로 여유가 있고 마음이 넉넉해졌다. 하지만 어릴 때는 가족들과 친척들의 말 한마디 한마디가 긴 주사바늘처럼 콕콕 마음을 찔렀다. 나의 상처 따윈 생각하지 않고, 아무렇지 않게 툭툭 내던지듯 말하는 사람들을 보면 한 대 패주고 싶었다. 내가 허락하지 않았는데, 내 상처를 함부로 건드리는 그들이 너무 밉고 싫었다.

아이를 출산할 때의 고통스런 과정은 누구나 겪는 일이다. 의사는 출산 전, 초음파 검사 등을 통해 나에게는 자연 분만이 어렵다고 진단했다. 그러나 나는 겁 없이 자연 분만을 강행했다. 핏덩어리인 아기 얼굴을 최초로 내 눈으로 확인하고 싶었다. 그러나 15시간 진통 끝에도 아무런 진전이 보이지 않았고, 결국 나는 "선생님, 제발 수술해 주세요"라는 창피한 비명과 함께 수술대 위에 올라갔다.

세상에서 가장 귀한 아들을 건강하게 출산한 후, 또 다른 고통이 나를 기다리고 있었다. 젖 몸살로 고열이 심하게 나서 아무것도 먹지 못하는 지경에까지 이른 것이다. 그러나 이때 나를 가장 힘들게 한 건 출산의 고통이나 젖 몸살이라는 육체적 고통이 아니었다. 묵히고 있던, 외면하고 싶었던 내면아이를 제대로 만난 것이었다. 그 아이는 태어난 지 백일 이후부터 헤어진 엄마를 계속 기다리고 있었다. 엄마를 보고 싶어 했지만 보고 싶다는 말 한 마디 할 수 없었다.

'나 정말 외로웠어. 내가 주야장천 계속 말했는데, 넌 모른 척하

고……. 난 네가 미워. 싫어.'

입원실에서 젖 몸살로 열이 펄펄 끓고 있을 때, 나의 유일한 행복은 아기를 보는 기쁨이었다. 배냇짓하는 아기를 보고 있으면 '난 아기였을 때 어땠을까?' '나도 이렇게 예뻤을까?' 그런 생각들이 꼬리를 물고 나오는데, 나의 내면아이는 나를 향해 네가 밉다고 그렇게 말하는 것이었다.

생각해 보니 그 애 말이 맞았다. 나는 무서웠다. 아니 공포 그 자체였다. 아기인 내가 엄마가 보고 싶어 아무리 죽어라고 울어도 엄마는 오지 않았다. 엄마가 없는 지금이 정말 위험하다고 느껴지는데, 기댈 데 없는 무서운 내 상황에 대해 우는 방법으로밖에 표현할 길이 없었다. 그때 과거에 갇혀 있었던 내면아이는 상처받은 채로 내 안에 간직되어 있었다.

그때는 내가 내면아이에 대해 전혀 정보가 없었던 터라 수술로 인해 제대로 먹지 못하고 정신적으로 쇠약해져서 헛소리가 들려 그런 줄로만 알았다. 나중에 내면아이 치유를 하고 나서 이런 양상들을 하나하나 다루게 되면서 비로소 알게 되었다. 상처 받은 내면아이는 나의 성장에 걸림돌이 된다는 것을. 그대로 놔두고 살면 언젠간 터질 수밖에 없다는 것을.

당시 내면아이 치유를 시작하면서 백일 된 아기인 나의 내면아이에게 썼던 편지를 인용해본다.

안녕! 세상에 태어난 너는 가장 축복받은 예쁜 천사였지. 이제 겨우 엄마와 친해지려고 하는데 엄마는 하루아침에 말도 없이 떠나가 버리고, 너는 너무 무섭고 두려웠겠다. 사람들은 네가 어려서 엄마의 존재를 전혀 모른다고 생각했겠지만, 넌 이미 알고 있었던 거야. 어쩌면 엄마의 뱃속에서부터 엄마의 불안감과 걱정을 예감했겠지. 그래서 지금의 내가 커서 사람들과 헤어질 때마다 가슴을 꾹꾹 누르는 통증을 느끼곤 했는데, 그게 그때 상처받았던 너의 통증이었던 걸 이제야 알게 되었구나. 왜 이별을 그렇게 참지 못할 끔찍한 고통으로 여기는지 너를 통해 알게 되었어.

미안해. 오랫동안 어린 너를 방치해 두어서. 너는 거기 그 자리에서 계속 울고 있었는데 내가 외면해서. 변명으로 들리겠지만, 우는 아기를 어떻게 다루어야 될지 나도 몰랐어. 이제 내가 아이를 낳고 나서야 우는 아기를 지혜롭게 달래는 방법을 처음으로 알게 되고 기저귀를 가는 법, 우유를 주는 법도 알게 되었어.

정말 고마워. 이제라도 무심했던 나를 위해 이렇게 얘기해 줘서. 난 네가 나한테 얘기해 주지 않았다면 평생 너의 존재를 못 봤을 수도 있어. 그만큼 너를 보는 게 두렵고 무서웠어. 내가 외로워질까 봐. 무서워질까 봐. 어린 너를 돌보는 것보다 내가 흔들릴까 봐 걱정이 앞섰던 거지.

이기적이고 못된 나를 용서해 주겠니? 진심으로 용서를 구한다. 넌 세상에서 가장 사랑스럽고 예쁜 아기야. 어떤 것도 너의 아름다움과 축복을 방해하지 못해. 엄마가 떠나간 건 네 잘못이 아니야. 넌 그 자체로 정말 위대하고 굉장한 존재야. 있는 그대로 온전히 사랑한다.

나는 아기인 내면아이에게 이 말을 내쏟고 혼자서 누워 있는 내면아이를 번쩍 들어 토닥토닥 안아주었다. 한동안 세상이 떠나가듯이 세차게 울던 아이는 토닥거리는 내 손의 움직임이 느려짐에 따라 울음을 점점 멈추고 내 품에서 새근새근 잠이 들었다. 나는 더없는 감사함과 사랑을 느꼈다.

'내가 이렇게 사랑스러운 존재구나.'

그동안 무시하고 미워했던 자신에 대해 소중하다는 확신이 들었다. 세상을 보는 눈이 맑아져서 내 앞에 펼쳐지는 사물들이 이쁘고 귀하게 보였다. 그동안 상처로 가려진 눈을 통해 본 세상은 내 마음의 거울이었던 것이다.

그날 이 글을 쓰는 동안, 지금까지 억눌렸던 내 감정들이 분출되어 눈물이 하염없이 흘렀다. 나에게 미안함, 고마움, 사랑스러움 등의 감정들이 쓰나미처럼 한꺼번에 몰려왔다. 폭풍 후의 고요처럼, 이날 내면아이와 화해한 이후 나의 오래된 고민거리들인 '만남에 대한 두려움'과 '헤어짐에 대한 불안감'들이 잠잠해졌다.

상처는 웬만하면 늘 피하고 싶다. 직접 대면하는 것은 아프다. 고통스럽다. 하지만 그때 내가 내면아이 치유를 통해서 나의 내면아이를 안아주지 않았다면 지금의 꿈을 향해 행복하게 성장하는 내 모습은 없었을지도 모른다. 부정적인 감정들의 원인을 모른 채 그것들을 피하기 위해 때로는 술에, 어떤 날은 친구들, 만만한 가족들에게 번갈아 의존하면서 삐걱거리며 살고 있을지도 모른다. 자신을 초라하게 여기고 부끄럽게 생각했던 내가 내면아이 치유를 하게 된 이후, 나의 삶은 빠른 속도로 변화했다. 이제는 부정적인 감정들보다 긍

정적인 감정들과 훨씬 더 친해져서 가끔씩 끈끈한 외로움과 불안감
이 찾아와도 예전처럼 나에게 달라붙지 못한다. 이젠 외로워도 괜
찮고 불안해도 괜찮기 때문이다. 어떤 감정이 와도 내가 주인이기에
내가 관리하면 된다. 내 인생 극장에서 나는 작가이자 감독이자 주
인공이기 때문이다. 인생 극장에서 일어나는 갈등과 반전, 실패들
이 없다면 재미가 없듯이, 내 삶에서 만나는 무수한 장애물들도 모
두 필요한 존재들이다.

　이런 경험은 나에게만 가능한 게 아니다. 지극히 평범한 내가 해
냈다면, 당신도 충분히 변화를 경험할 수 있다. 당신에게는 무한한
힘이 있기 때문이다. 물론 목적지까지 가는 데 장애물들은 수없이
많다. 도대체 어디까지 상처를 치유해야 될지 가늠이 안 되고 막막
할 수 있다. 그러나 기억해야 할 것은 '나는 본래 자유롭고 굉장한
사람'이라는 사실이다. 이 잠재력을 활용하기 위해 내면아이의 상처
를 내가 안아주어야 한다. 본래의 나로 회복될 때까지 치유의 과정
이 지속되어야 한다.

　내 생각들이 고삐 풀린 망아지처럼 부정적인 생각들로 꼬리에 꼬
리를 무는 것은 분명한 이유가 있다. 그냥 언젠가 좋아지겠지 하면
서 피하는 것은 해결책이 아니다. 분명히 점검하고, 왜 그런지 살펴
보아야 한다. 지금 일상에 스트레스가 많은 것인지, 상처받은 내면
아이가 호소하는 것인지 원인을 살펴보아야 한다.

　어느 날, 아들과 치아 교정을 상담하러 병원에 갔다. 적지 않은

금액에, 수년간 불편을 겪어야 한다는 사실에 결정을 망설였다. 결국 생각해 보겠다는 말을 하고 병원을 나왔다.

내면아이 치유 과정은 치아 교정과 유사한 점이 있다. 그래서 나는 이것을 간단하게 '마음 교정'이라고 설명한다. 치아 교정을 하는 기간 동안 음식물을 씹기 불편해서 또는 얼굴 살이 빠져 나이 들어 보인다는 다른 사람들의 말에 휘둘려서 '내가 왜 교정을 했을까?'라며 자신을 비난하고 후회하는 것처럼, 내면아이 치유를 할 때도 자칫 자기 비난을 할 수 있다. 즉 '그냥 이대로 살아도 되는 것을. 왜 내면아이 치유란 걸 해서 날 힘들게 하는 거지? 과거를 봐서 뭐해? 그게 현실에 당장 무슨 도움이 되냐고?' 하는 식으로 말이다.

물론 치아 교정을 했다고 해서 다음 날 바로 내 치아가 반듯하게 되는 게 아니듯이 당장 내 삶이 기적적으로 바뀌지는 않는다. 반듯한 치아가 되기 위해서는 불편함이 있고 제자리를 잡는 기간이 필요하다. 마찬가지로 마음이 교정되는 것도 힘들었던 나를 돌이켜 봐야 하기에 불편과 숙성의 과정을 거쳐야 한다. 치아 교정이 완성된 그날, 거울에 비친 눈부신 나의 모습을 꿈꾸며 인내하듯이, 내면아이 치유 후 나의 마음도 아름답게 평온하게 변화되리라는 것을 믿고 인내할 수 있어야 한다. 기적의 그날은 반드시 오기 때문이다. 그리고 확신하라. 마음의 교정은 내면아이 치유가 출발점이라는 것을.

바꾸거나, 떠나거나,
사랑하라

"정말 연애를 하고 싶은데, 왜 나는 연애가 뜻대로 안 될까요? 못생긴 것도 아니고, 능력도 나 정도면 괜찮은 편인데……."

28세의 내담자의 이야기다. 그녀는 아버지가 차려 준 커피숍을 운영하며 재정적 어려움 없이 살고 있었다. 친구 관계도 괜찮은 편이었다. 가장 어려운 문제는 남자였다.

지난 겨울부터 그녀의 가게에 한 손님이 매번 같은 시각에 찾아왔다. 키가 훤칠하게 크고 피부가 하얀 남자였다. 목소리도 남자답고 좋았다. 그는 늘 카푸치노를 시켜 창가 쪽에 앉아 있다가 1시간쯤 후에 가곤 했다. 6개월이 지나, 그녀는 그에게 먼저 말을 걸까 생각했다. 확인해 보지는 않았지만, 혼자 커피숍에 오는 걸 보면 여자 친구가 없는 것 같았다. 그녀의 멘토인 어머니한테 이 사실을 말하고 자문을 구했다. 그녀의 어머니는 무속인이었는데, 그녀는 고민이 있을 때마다 어머니에게 고민을 털어놓고 의지하곤 했다.

"엄마가 먼저 관상을 볼게. 넌 가만히 있어."

내담자는 내심 불안했다.

'엄마가 인연이 아니라고 하면 어떡하지? 느낌이 괜찮은 사람인데……'

그녀의 예감은 적중했다. 어머니는 이 사람과 결혼하면 집안에 풍파가 나고 커피숍까지 망하게 된다고 했다. 그녀는 고민이 컸지만 어머니의 말을 거역할 수가 없었다. 결국 그 사람에게 어떤 말도 걸어보지 못한 채, 그녀의 짝사랑은 끝이 났다.

우리는 어떤 선택을 하기 전, 실행에 앞서 망설이게 된다. 후회나 잘못된 선택을 막기 위해 많이 따져보고 점을 보기도 하면서 신중을 기한다. 그러나 그럴 때 기억해야 할 것은, 그만큼 잃는 것도 많다는 것이다. 이 내담자의 경우 자신의 선택에 대해 만족했을까? 이 경험이 있은 후 2년 뒤, 그녀가 나를 만나 털어놓은 이유는 이 선택을 후회하기 때문이었다. 그녀는 그때 짝사랑했던 사람을 마음 깊은 곳에서 아직 떠나 보내지 못하고 있었다. 그녀는 왜 짝사랑을 온전한 사랑으로 만들지 못하고 시간이 흘러도 떠나 보내지 못하는 걸까? 사람은 누구나 자신이 걸어보지 않은 길에 대해 회한을 갖게 된다. 온전한 나의 판단으로 선택하지 않았을 때는 더더욱 그렇다.

가정 폭력 가해자를 대상으로, 수년간 가정 회복 프로그램을 진행해 왔다. 하루는 62세의 할아버지가 아내를 폭행하여 면담을 하게 되었다. 이 부부는 대화를 안 한 지 2년이 넘었다. 두 사람은 각자 다른 방에서 생활하고, 따로 밥을 먹고, 스케줄이 달랐다. 서로 얼굴을 마주하지 않도록 고의적으로 스케줄을 다르게 했다. 할아버지는 차라리 그게 속 편하다고 했다. 1회기 상담을 마무리하면서 할아버지에게 "그렇게 지내시면 갑갑하고 힘들지 않으세요?"라고 물었다. 그러자 그는 이렇게 대답했다.

원래부터 사이가 이랬던 건 아니었어요. 1년 전, 어머니가 당뇨로 편찮으셔서 아내에게 회사 일을 접고 병든 엄마를 좀 돌봐 달라고 했습니다. 아내는 말을 듣지 않더군요. 회사를 계속 다니면서 어머니를 돌보는 건 도우미 아줌마에게 전적으로 맡기는 걸 보고 화가 났습니다. 그리고 얼마 있지 않아 어머니가 세상을 떠나셨죠. 어머니가 예상보다 그렇게 일찍 돌아가신 것은 제 잘못도 있지만, 아내 잘못도 분명히 있어요. 어떻게 그렇게 냉정하게 나 몰라라 하는지……. 인간도 아닙니다. 그래서 저는 아내에게 장례식에 발을 들이지도 못하게 했어요.

그는 아직도 분노에 차 있었다. 어머니의 죽음에 대한 애통함과 아내에 대한 원망 때문에 얼굴이 벌겋게 달아오르고 눈동자는 매섭게 변했다.

그렇다고 아내와 당장 이혼할 것은 아니라고 했다. 아이들을 멀쩡하게 결혼시키려면 이혼은 더더욱 안 된다고 했다. 지금 그의 현실은 바꾸고 싶은 아내를 바꾸지도 못하고, 떠나지도 못하며, 사랑하는 건 더더욱 아닌 상태였다.

세상은 내 마음대로 되는 일보다 안 되는 일이 더 많다. 그럼에도 불구하고 인간은 누구나 자기의 욕구대로 되길 바란다. 특히 가족에게 자신의 욕구를 거절당하면 무시당했다는 분노와 좌절감이 동시에 올라온다. 그래서 남보다 가까운 가족끼리 상처를 더 많이 주고받는다.

가정 폭력을 행한 가해자들은 공통적인 특징이 있다. 아예 대화를 단절하거나 상대를 무조건 비난하며 자신은 방어하는 폭력적인 대화 방법을 사용한다. 표현하는 방식은 매우 어설프고 서투르다. 수영을 못할 경우 수영 강사에게 배우면 좋아지는 것처럼, 의사소통 기술 역시 배우면 달라지는데 원망의 벽이 두꺼워 시도조차 하지 않는다. 오히려 희망을 갖기보다 포기하고 시도조차 하지 않는 경우가 많다.

누구나 강점과 약점이 있기 마련이다. 그런데 서로 손톱을 날카롭게 세우고 약점만 헐뜯으니 대화가 되지 않는다. 억울함, 분노, 미움, 두려움 등 부정적인 감정들이 마음속 깊이 자리 잡아 불면증 등 정신적인 어려움을 호소하거나 육체적인 질병으로 고통 받는 모습을 종종 본다. 이들의 시각은 상대방을 바꾸고자 하는 데 초점을 맞춘다. 이때 상대방이 조금도 달라지지 않을 경우 애가 타서 더 폭력적으로 대하고 방어하게 된다. 정작 해결책은 자신이 바뀌는 것인데, 자신이 바뀌어야 모든 상황이 달라지는 법인데 거기에 대해서는 생각조차 해보지 않는다.

웨스트민스터 대성당 지하 묘지에 묻힌 어느 성공회 주교의 무덤 앞에 이런 글이 적혀 있다고 한다.

내가 젊고 자유로워서 상상력의 한계가 없을 때

나는 세상을 변화시키겠다는 꿈을 가졌었다.

그러나 좀 더 나이가 들고 지혜를 얻었을 때

나는 세상이 변하지 않으리라는 것을 알았다.

그래서 나는 시야를 약간 좁혀 내가 사는 나라를 변화시키겠다고 결심했다.

그러나 그것 역시 불가능한 일이라는 것을 알았다.

나는 마지막 시도로 나와 가장 가까운

내 가족을 변화시키겠다고 마음먹었다.

그러나 아아, 아무것도 달라지지 않았다.

이제 죽음을 맞기 위해 자리에 누워 나는 문득 깨닫는다.

만약 내가 나 자신을 먼저 변화시켰더라면

그것을 보고 내 가족이 변화되었을 것을.

또한 그것에 용기를 얻어 내 나라를 더 좋은 곳으로 바꿀 수 있었을 것을.

그리고 누가 아는가,

세상까지도 변화되었을지!

가정 회복 강의를 할 때 이 내용을 인용하면서 '변화를 원한다면 어떻게 하는 것이 효과가 있을까' 잠시 생각해 보는 시간을 가진다. 변화의 필요성에 대해 스스로 공감하게 되면 마음의 눈이 열리고 비로소 표정은 생기가 돌고 밝아진다.

바꾸는 것이 가능하면, 그 다음 단계는 '떠나라'이다. 내가 바뀌었는데도 절망적인 상황이 변함이 없고, 상대방이 정말 인연이 아니라고 생각되면 미련 없이 떠나야 한다. 단, 떠날 때는 그동안 함께 인연이 되어 고마웠다는 마음이 전제되어야 한다. 그래야 떠나는 마음이 가볍다. 혹시 원망과 미움에 가득 차 떠나게 된다면 계속 미련이 남는다. 기혼자의 경우에는 아이들에게 부정적인 감정들이 전이되어 자녀들이 이중고의 아픔을 겪게 된다.

마지막 단계는 '사랑하라'이다.

"사랑 좋아하시네. 도저히 사랑할 수 없는데 어떻게 사랑하냐?"

이렇게 반문하는 사람이 있을 것이다. 그러나 내가 원하는 것이 무엇인지 생각해 보면 결국 답은 '사랑이다'라는 사실에 공감할 것이다.

《옴니-자기 사랑으로 가는 길》이라는 저서에서 존 L. 페인은 사랑에 대해 이렇게 말했다.

우리는 당신이 자신의 경험을 창조한다는 이 사실을 절대적 진실이라고 확언합니다. 또한 어느 누구도 당신의 현실에 영향을 미칠 수 없음도 분명히 말합니다. 당신이 그들을 삶 속에 끌어당기지 않는 이상에는 그렇습니다! 사랑의 법칙을 적용할 때만이 당신은 절대적인 자유를 얻게 됩니다.

우리는 우리 각자의 현실을 창조한다. 내 현실은 나의 거울이다. 사랑이 모든 창조의 근원이기에 내가 진정으로 원하는 삶을 끌어당기기 위해서는 사랑 없이는 불가능하다. '사랑해'라는 말이 몇 초 걸리는지 아는가? 단 1초면 된다. 마음을 다해 사랑하기가 어렵다면 오늘 하루 1초만 시간 내어 '사랑해'라는 말만이라도 실천해 보자. 오늘 하루, 예뻐서 사랑하는 게 아니라, 사랑하면 예뻐 보이는 하루를 만드는 건 어떨까?

나를 살린 첫 단추,
웃음

"엄마, 우리 둘이만 같이 살았으면 좋겠다."

"아빠는 나한테 한 번도 사랑한다고 표현한 적이 없어! 아빠 미워!"

아들이 고개를 이불에 파묻으며 서럽게 운다. 아빠의 인정과 위로를 원하는 아들에게 남편은 오히려 더 냉정해진다. 이럴 때 남편이 야속하기만 하다. 평소에는 아이와 아빠가 운동도 자주 하고 친구처럼 잘 지낸다. 하지만 남편은 아이의 잘못된 행동에 대해서는 때리거나 호되게 야단쳐서라도 바로잡아야 한다는 원칙이 확고하다. 그래서 아이는 아빠에게 호되게 꾸중을 들을 때면 나에게 달려와 투정하곤 한다. 이럴 때 나는 안타까울 따름이다.

아들 현석이가 6살 때였다. 당시 시아버님이 폐암으로 투병을 하시다가 돌아가셨다. 장남인 남편은 자존심도 세고, 힘든 일이 있으면 누군가에게 의지하기보다 혼자 이겨내려고 애쓰는 편이다. 당시 그는 자주 새벽까지 술을 마시고 귀가하곤 했다. 나는 가족이지만 남편에게 힘이 되지 못하는 것 같아 서운했다. 나의 서운함 때문이었는지 아버지를 잃은 남편의 상실감에 대해서는 공감하지 못했고, 왜 아픈 나에게는 관심이 없느냐며 오히려 투정을 부렸다. 그 무렵, 처음으로 집을 장만했는데, 갑자기 부동산 경기가 좋지 않게 되었다. 합의해서 결정한 일임에도 불구하고 남편은 무리해서 집을 산 것에 대해 나를 탓했다. 집 형편은 좋지 않았고, 아프고 지친 나에게 남편은 위로는커녕 이런 말로 나를 더 힘들게 했다.

"당신이 아픈 건 정신력이 나약해서 그래. 다들 당신보다 힘들어도 잘 이겨내면서 살거든. 엄살 좀 부리지 마."

부산이 고향인 나는 서울에서 속마음을 털어놓고 지낼 만한 사람이 없었기에 더욱 지쳐 갔다. 마음의 여유가 없던 탓인지 모든 일에 대해 부정적이어서 아들에게 심하게 야단을 치거나 훈계라는 이름으로 체벌하는 일이 잦아졌다.

어느 날, 아들이 어린이집에서 말썽을 자주 부리는 바람에 선생님과 상담을 하게 되었다.

"현석이가 요즘 이상해요. 항상 밝게 웃던 아이였는데, 요즘 말도 잘 안 하고 애들이랑 자주 다투네요."

상담이 끝나고 아들과 함께 집으로 걸어가는데 한없이 눈물이 흘렀다. 그때 마음으로 이렇게 다짐했다.

'아들아, 미안하다. 엄마는 누구보다 너를 정말 잘 키우고 싶은데, 힘들다면서 너에게 신경을 못 써 주어서 너무 미안해. 앞으로는 더 잘할게. 사랑해.'

그런 어느 날, 문득 이런 생각이 들었다.

'내가 건강해야 아들도 행복할 거야. 분명히 희망은 있을 것이다. 마지막이라는 각오로 살아보자.'

나는 간절한 의지로 기도하면서, '어떻게 하면 건강하고 행복할 수 있을까?' 생각했다. 그리고 인터넷을 검색하다가 우연히 웃음치료를 알게 되어 2박 3일 과정의 웃음 치료 전문가 과정 워크숍을 다녀오게 되었다.

워크숍에 참석하기 위해 버스를 타고 가는데 '아! 거기 간다고 해서 뭐가 달라지기나 할까?'라는 의심이 들었지만, 별 기대 없이 공기 좋은 곳에서 잘 쉬고 오자라는 마음으로 도착했다. 이 워크숍을 진행한 한국웃음연구소 이요셉 소장은 '웃음은 운동이다'라는 모토 아래 웃음 운동이라는 새로운 방법을 제안했다. 그는 '크게 웃는다, 길게 웃는다, 배와 온몸으로 웃는다'를 원칙으로 하여 웃음을 습관화하라고 강조했다. '웃을 일이 있어야 웃는다'가 아니라 슬픈 일이 있든, 기쁜 일이 있든 상관하지 말고 웃어야 한다는 것이다. 웃음은 달리기를 하는 것처럼 날마다 규칙적으로 해야 하는 운동이기 때문이다.

그는 예전에 암 환자들을 상담해 주는 일을 했는데, 우연히 인도에서 일고 있는 웃음 열풍에 관한 텔레비전 프로그램을 보고 인도로 건너가 마단 카타리아 박사와 인연을 맺게 되었다. 이후 그는 웃음이 질병을 치유하고 인생을 행복하게 변화시키는 데 꼭 필요하다는 확신을 굳히게 되어 '대한민국 4천만이 웃을 수 있기를' 소망하는 마음으로 한국웃음연구소를 설립하게 되었다.

웃음이 건강에 미치는 효과는 대단하다. 15초 동안 깔깔 웃으면 5분 동안 에어로빅을 하는 것과 비슷한 양의 에너지가 소모되며, 1분여 동안 크게 웃으면 10분 동안 조깅을 한 것과 유사한 효과를 볼 수 있다고 한다. 미국의 볼 메모리얼 병원이 다년간 환자들을 관찰하여 발표한 바에 따르면 15초 동안 크게 웃으면 수명이 이틀씩 연장되었다고 한다. 놀라운 결과가 아닐 수 없다. 이 연구팀은 한 번 웃을 때마다 우리 몸에 있는 660개의 근육들 가운데 231개의 근육들이 움직이고, 얼굴 근육만 15개가 운동을 하게 된다고 주장한다. 크게 웃으면 심장이 활발하게 작동함은 물론 상체, 가슴, 위장의 근육들까지 함께 움직이게 되어 탁월한 운동 효과가 수반된다는 것이다.

웃음의 효과는 여기서 그치지 않는다. 《웃음의 치유력》의 저자 노먼 커즌스는 척추가 굳어 가는 강직성 척추염이라는 난치성 질환을 앓았다. 하지만 그는 자신의 처지를 비관하지 않고 매일 습관적으로 웃음을 실천하면서 난치성 질환의 고통을 극복했다.

워크숍에 참석한 첫날, 그곳에 모인 사람들은 나처럼 무표정이거나 우울한 표정들을 짓는 사람들이 대다수였다. 점차 시간이 지나면서 웃을 일이 전혀 없는데도 프로그램 진행에 따라 억지로 기를 쓰고 웃었다. 특히 제일 열심히 웃던 유방암 환자 분이 기억난다.

그 분은 극심한 통증을 잊기 위해 워크숍에 왔다고 했다. 암에 걸리면 통증이 심할 텐데 어떻게 저렇게 깔깔 웃을 수 있을까 궁금했다. 나중에 알게 된 사실인데 실제로 웃을 때는 뇌하수체에서 모르핀보다 200배나 효과가 강한 엔도르핀이 분비되고 부신에서는 염증을 낫게 하는 화학 물질이 나와 몸의 고통을 감소시킨다고 한다. 나 역시 웃고 나니 사소한 걱정이 사라지고 세상이 다르게 보였다. 싱그러운 나무의 색깔, 구름과 어우러진 파란 하늘의 색깔이 눈에 들어오고, 사람들의 소리들이 제대로 들리면서 이 순간이 그저 감사하고 더없이 행복했다.

무엇보다 기뻤던 것은 '그래, 나만 힘든 게 아니구나. 여기 온 모든 사람들이 아픔을 갖고 있구나. 힘을 내자. 난 반드시 해낼 수 있다'라는 자신감이 생긴 것이었다. 상황은 조금도 달라진 것이 없었지만, 웃음을 통해 '모든 경험이 배움의 기회이고 축복이다'라는 깨달음을 얻게 되었다. 그리고 마음이 아픈 사람들을 빠른 시간에 치유하며 세상에 선한 영향력을 행사하는 이요셉 소장처럼 나도 할 수만 있다면 저렇게 남을 도와주며 살고 싶다는 강한 소망이 강렬히 올라왔다.

집으로 돌아온 나는 무조건 워크숍에서 배운 대로 실천했다. 그 당시 너무나 절박했기 때문에 '이거 아니면 죽는다'는 생각으로 집이나 차 안에서 무조건 웃었고, 시간을 따로 내어 암 환자들을 위한 웃음 봉사에도 적극적으로 참여했다. 남편과 아들은 나보고 미치지 않았냐고 했지만 아랑곳하지 않았다. 신기한 것은 내가 웃으니까 남편과 아들도 어이가 없었는지 덩달아 자주 웃게 되고 집안에 웃음꽃이 피었다. 그렇게 서서히 몸과 마음이 행복해졌다.

6년이라는 세월이 지났지만, 나는 지금도 그때의 그 행복감을 잊지 않기 위해 1년에 한 번 이상 웃음 워크숍에 참가하여 나 자신을 뒤돌아보고, 지금 누리고 있는 감사함과 행복감에 젖어들곤 한다.

어느 날, 출근 시간에 지하철을 탔다. 승객들의 표정을 보니 기분 좋고 행복한 표정보다 어두운 얼굴 표정들이 더 많았다. 그들을 보면서, 하루 전에 만난 내담자의 이야기가 생각났다. 그녀는 이런 얘기를 들려주었다.

"저는 물건을 사러 가면 물건보다 물건을 파는 사람의 표정을 봐요. 그 사람이 기분 좋게 웃으면서 물건을 팔면 그 물건이 마음에 들지 않더라도 사는데, 표정이 어둡고 찌푸려져 있으면 물건을 사고 싶어도 그냥 나오게 돼요."

나도 그녀와 비슷한 경험이 있었다. 아마 표정이 어두운 사람들은 자신이 그런 표정을 짓고 있다는 사실조차 모를 것이다. 지금 자신이 짓고 있는 어두운 표정이 그들에게서 얼마나 소중한 성공의 기회를 빼앗아 가는지 알지 못하는 것이다.

미소와 웃음은 보는 사람들에게 평안함과 따뜻한 에너지를 준다. 지난 2014년, 프란치스코 교황이 한국을 방문했다. 교황은 신도 수가 12억 명을 훌쩍 넘는 천주교의 수장이라는 위치에 있으면서도 가장 낮은 자세로 세계인들을 만나 그들에게 진심 어린 위로와 격려를 보내주었다. 이번 방한에서도 교황은 어김없이 세월호 참사 유족을 비롯하여 위안부 할머니들, 음성 꽃동네의 장애인들, 심지어 대한민국 국민들에게조차 점차 잊혀져 가고 있는 용산 참사 유가족들까지 만나 위로해 주었다. 텔레비전을 보는 내내 그분이 보내주었던 평안하고 온화한 미소를 잊을 수가 없다. 모든 것을 수용해 주는 그분의 평안한 미소를 보면서 나를 있는 그대로 수용해 주는 따뜻한 사랑을 느꼈다. '저런 따뜻한 미소를 갖기 위해서라도 나도 가난하고 소외된 사람들에게 부지런히 관심을 갖고 그들을 사랑해야겠다'라는 소망도 생겼다.

내면아이 치유 메신저의 길을 걷고 있는 현재의 삶에 첫 단추가 되어 준 것은 바로 '웃음'이었다. 웃음을 통해 나는 처음으로 나를 뒤돌아볼 수 있게 되었고, 나를 바로 보게 되면서 아팠던 나 자신을 점검할 수 있었다. 지난날 나의 삶은 수없이 여러 번 포기하고 싶었을 만큼 힘들고 괴로웠던 시간들이었지만, 지금의 성장은 모두 그 시간들 덕분에 얻어진 것이다. 성공해야 행복한 것이 아니라, 행복하면 성공한 것이라는 쪽으로 생각을 바꾸게 되니 앞만 보며 휴식 없이 달려온 나 자신에게 미안했다. 그리고 포기하지 않고 잘 살아온 나에게 감사한 마음이 절로 들었다.

내면아이 치유로 삶의 소중한 의미를 잃어버린 사람들에게 웃음을 되찾게 해주고, 본래 가졌던 몸과 마음의 건강과 행복을 찾아주는 메신저로서의 삶. 너무나 값지고 행복하다. 마지막으로 아침마다 매일 행복하기 위해 내가 실천하고 있는 방법을 소개하고

자 한다.

바로 이렇게 아침마다 외치는 것이다. 일종의 자기 암시라고 할 수 있는데 실제로 효과가 있다.

"오늘은 내 생애 최고의 날이다."

"신나게, 즐겁게, 감사하게, 행복하게 하루를 보낼 수 있음에 감사합니다."

"살아 있음에 무조건 감사합니다. 하하하!"

오늘도 이렇게 입가에 미소와 사랑을 가득 머금고 웃으면서 하루를 힘차게 시작한다. 행복은 노력 없이 저절로 오는 게 아니다. 이 글을 읽는 여러분도 지금 실천해 보길 바란다. 행복한 기분으로 하루를 행복하게 시작할 수 있게 될 것이다.

지금, 감사 렌즈로
삶의 초점을 바꾸라

많은 사람들이 스마트 폰으로 다양한 소통을 한다. 특히 요즘은 카카오 톡(이하 '카톡')을 통해 모르는 사람과도 편리하게 소통하고 글을 쓸 수 있게 되었다. 어느 날, 아이디어가 하나 떠올랐다.

'이 카톡으로 자기 사랑을 실천할 수 없을까?'

카톡은 누구나 거의 매일 보니까, 자기 사랑의 습관을 들일 수 있는 최고의 도구이다. 내가 운영하는 네이버 카페 〈열린 마음 치유 EFT〉에 '감사 카톡 할 분을 모집합니다'라는 글을 띄우고 자기 사랑으로 감사를 하고 싶은 사람을 모집했다. 그리고 '감사의 힘'이라는 짤막한 글을 올렸다. 신기하게도 단 이틀 만에 수십 명이 댓글 신청을 했다. 이미 《시크릿》이라는 책을 통해 많은 사람들이 감사의 힘을 알게 되었지만, 그것을 행동으로 실천하기는 쉽지 않았던 것이다. 내가 '감사 카톡 방'을 만들면, 사람들은 거기에 그냥 일상적인 감사 글을 올린다. 어떤 댓글도 없고, 각자 자유롭게 작성한다.

하지만 감사하는 마음을 실천하면서 놀라운 일이 생겼다. 그 중에는 면접을 잘 봐서 취업이 잘 되었다는 소식도 있었고, 좋은 가격으로 차를 구입하여 행복하다는 글이 올라오기도 했다. 그 때와 방식은 달랐지만, 모두에게 감사하고 행운이 가득한 일들이 반드시 따라왔다. 현재까지 10개월 동안 매일 열 명이 함께 감사하기를 실천하고 있는데, 감사의 에너지를 실시간으로 느낄 수 있어서 너무 즐겁다.

감사 카톡을 시작한 이후로, 나는 매일 아침 6시에 기상하여 무조건 감사하는 마음을 가진다. 예전에는 알람을 6시에 맞추어 놓아도 몸이 천근만근인 느낌이라 새벽에 일어나기가 고통스러웠다. 그리고 늦게 잠자리에서 일어나 제 시간에 일어나지 못한 자신을 자책하기 일쑤였다. 이런 습관은 감사하기를 하면서 달라졌다. 지금은 알람 소리에 어김없이 눈이 번쩍 떠져 기분 좋게 일어날 뿐 아니라, 잠시 눈을 감고 내가 가진 것들을 떠올리며 감사에 잠긴다. 그리고 감사한 마음이 충만해지면 카톡 방에 이런 메시지로 하루의 첫 글을 남긴다.

"풍요를 끌어당기는 30일, 행복한 아침입니다. 아침에 좋은 컨디션으로 상쾌하게 일어났음에 감사합니다. 출근할 수 있음에 감사하고, 지금 건강하게 물을 마실 수 있음에 감사합니다."

혹시라도 일상 중에 부정적인 감정이 슬금슬금 올라올 때는 얼른 감사 카톡 방에 들어가 오늘 하루 중 감사했던 일을 글로 남긴다. 아무리 힘든 하루라도 최소한 하루 한 개 이상 감사함을 찾을 수 있다. 그러면 나의 렌즈는 감사로 바뀌어져서 금세 평온을 되찾게 된다.

당신에게도 '감사 카톡'을 해볼 것을 제안한다. 특별한 비용이 들지도 않고 하루 딱 10분 정도 시간을 내면 된다. 10분의 시간이 얼마나 중요하고 감사한지도 새삼 깨닫게 된다. 시간을 아무렇게나 쓸 수 없다는 걸 발견하기도 한다.

'대부호처럼 돈을 사용하는 방법'을 통해 성공을 거둔 샤토 도미오 교수. 그는 감사하면 부자가 된다는 점을 이렇게 강조한다.

'고맙습니다'라는 말은 자율 신경계의 작용을 최고조로 높이는 '마법의 키워드'다. 부자가 되고 싶다면, 진심으로 '돈' 자체에 감사하고 항상 '고맙습니다'라고 말해야 한다. 이러면 우리 뇌에 베타 엔도르핀이 분비되므로 '쾌감'이 가득해진다. 뇌는 이 쾌적함을 유지하는 동시에 그 이상의 쾌적함을 추구하므로 더욱 많은 돈이 들어오는 상태로 우리를 이끈다. 그렇게 해서 우리는 '부자'가 되고 그에 감사하면 할수록 더욱더 큰 '부자'가 되어간다. 이러한 순환이 우리의 뇌에서 일어나고 있는 것이다.

물론 '나는 감사를 표현하며 사는데, 왜 내 인생은 달라지지 않나?'라고 반문하는 사람이 있을 수 있다. 과거의 나 역시 그런 의문을 품었기에 그 말에 충분히 공감한다. 그러나 여기서 감사의 포인트는 진심으로 감사하는 마음이다. 그리고 습관적으로 감사가 몸에 배어야 한다.

한때 나는 힘들 때 '감사합니다'를 만다라처럼 수없이 속으로 반복하며 지낸 적이 있다. 잡념이 많고 쓸데없는 걱정이 많아서 이런 방법을 사용했던 것인데, 습관화한 덕분에 모르는 사람과 인사할 때 "안녕하세요?"라고 말하는 대신 뜬금없이 "감사합니다"라고 말하는 해프닝을 벌인 적도 있었다. 과거의 그 일을 떠올리면 우습기도 하지만, 감사를 습관화하기 위해 치열하게 노력한 나에 대해 고맙기도 했다.

감사 카톡을 쓰는 방법은 매우 쉽고 간단하다. 감사를 쓰는 시간대는 따로 없다. 언제든지 수시로 가능하다. 하루 중 감사함이 느껴졌던 일을 찾아내는 게 중요하다. 아무리 작은 일이라도 그냥 지나치지 말고 감사함을 적어 보는 것이다. 감사가 왜 일어났는지, 그래서 어떤 기분이 들었는지 상세히 적을수록 더 좋다. '남이 읽으면 나를 어떻게 볼까?' 하는 생각은 거두기 바란다. 다른 사람들은 생각보다 나에게 관심이 별로 없다. 카톡 방 친구들은 자신의 감사를 찾도록 약속해서 모인 그룹이기 때문에 자신의 감사를 펼치기에 더욱 안전하고 편리하다. 또한 다른 사람이 어떤 점을 감사하는지 시시각각 볼 수 있어서 나의 시야를 확장하는 데 많은 도움이 된다.

감사 카톡을 통해 당신은 매일 감사할 거리가 많은 사람이라는 증거를 찾아 나가게 된다. 이런 증거가 하나씩 쌓이면 결국 '이 세상에는 감사할 게 참 많구나', '나는 참 괜찮은 사람이다', '나는 행복한 사람이다'라는 긍정적 신념이 형성된다. 그렇다면 감사를 불러오는 감사 카톡은 어떻게 쓰는 게 좋을까? 잠시 어느 하루 동안 올라온 '감사 카톡 방' 대화를 살펴보자.

L씨

주말에 친구들과 즐거운 시간을 보낸 것에 감사합니다. 또 한 번 성숙해진 것에 감사합니다. 휴대폰을 최신 폰으로 바꿀 수 있어서 감사합니다. 하기 싫은 일을 그만둔 용기에 감사합니다. 이렇게 감사할 시간을 주셔서 감사합니다.

P씨

남편에게 사고가 났지만 많이 다치지 않아서 감사합니다. 친구에게 도움을 줄 수 있어서 감사합니다. 욕심 부리지 않고 현재 내가 가진 것이 얼마나 가치 있는 것인지, 내가 얼마나 풍요로운 삶을 사는지 느낄 수 있어서 감사합니다.

N씨

도서관 휴무일임을 기억해 냄에 진심으로 감사합니다. 교육이 안전하게 마쳐진 것에 감사합니다. 단정하고 편안한 옷이 있음에 감사합니다. 편안하고 경관이 좋은 저만의 자리가 있네요. 감사합니다. 주사를 기특하게 잘 맞은 아이에게 감사합니다. 이미 다 나아서 감사합니다. 감사합니다.

K씨

오늘 친구의 행복한 결혼식을 볼 수 있어서 감사합니다. 과거의 패턴에서 벗어나 나를 자유롭게 해줌에 감사합니다. 나의 자유로움을 인정하고 확신해 줌에 감사합니다. 과거의 아픔을 극복할 수 있음에 감사합니다. 조용하고 평화로운 그리고 성장하는 주말을 보내게 해주셔서 감사합니다.

아는 것으로 끝내는 것과 안 것을 실행하는 것은 천지차이이다. 운동이 좋다는 것을 아는 사람은 수없이 많다. 그러나 운동하는 것을 매일 실천하는 사람은 많지 않다. 매일 좋은 습관을 갖고 실천하는 것이 성공의 비법이다.

꾸준한 운동을 통해 근육이 키워지듯, 매일 좋은 감사 습관을 실천하면서 풍요와 성공을 부를 수 있다는 것은 놀랍고 재미있는 사실이다. 내면아이 치유 메신저로서 자신 있게 말하건대, 감사를 하는 작은 실천이 당신의 인생을 통째로 바꿀 수 있다고 확신한다. 감사를 채워 가는 만큼, 분명 당신의 미래도 행운으로 가득 채워질 것이다.

마음 통장을
체크하라

지하철 5~8호선을 운영하는 서울 도시철도공사 소속 전동차 기관사가 자살하는 사건이 발생했다. 이 기관사는 1994년 도시철도공사에 입사해 재직 중에는 수차례 표창을 받는 등 우수한 근무 실적을 보였다. 그러나 동료들에게 우울증과 수면장애 등 정신적 고통을 겪고 있다고 호소해 왔으며, 수면제도 복용한 사실이 드러났다. 결국 기관사는 우울증을 극복하지 못하고 스스로 목숨을 끊게 됐다.

보건복지부 산하 질병관리본부에서 조사한 '2012년 국민 건강영양 조사' 결과에 따르면, 우리나라 19세 이상의 성인 8명 중 1명(12.9%) 이상이 최근 1년 동안 연속적으로 2주 이상 일상생활에 지장이 있을 정도의 슬픔이나 절망감 등을 경험한 것으로 나타났다.

그러나 우울 증상을 경험한 사람 중 지난 1년간 정신 건강 상담을 받은 사람은 10명 중 1명(9.7%)에 불과하였으며, 여자(11.3%)보다 남자(6.8%)가 낮았고, 특히 65세 이상(5.0%)은 19~64세(10.8%)의 절반

수준에 머물렀다.

육체가 아프면 통증이 느껴지기 때문에 당장 치료를 받으러 병원에 간다. 집 근처 동네 병원에서 못 고치면 대학 병원에 가서 큰돈을 들여 이것저것 검사도 하고 치료를 위해 힘쓴다. 그러나 정신적으로 불편하면 의지의 문제라 생각하고 자체적으로 해결하려 하지 문제를 적극적으로 해결하려 하지 않는다. 특히 체면을 중시하는 대한민국에서는 마음이 질식할 때까지 참는 일이 허다하다. 그리고 보니 한국인의 자살율이 특히 높은 것은 어쩌면 당연한 결과인지 모른다.

당신의 오늘 하루는 어떠한가?

'오늘까지 주간 계획서를 올려야 해. 내일 오전까지 과장님께 보고할 월말 실적 서류를 작성해야겠다. 그러려면 오늘 야근을 해야겠네. 남자 친구한테는 다음 주에 보자고 해야겠다. 남자 친구가 약속을 어긴다고 한 소리 할 텐데……'

혹시 이렇게 하루를 보내고 있지 않은가? 마음은 늘 시간에 쫓기고 여유가 없다. 다람쥐 쳇바퀴 돌듯이 같은 일상이 반복되고 월급날만 목 빠지게 기다린다. 언제까지 직장에 다닐지 기약이 없어 5년 후, 10년 후의 미래는 어둡기만 하다. 마이너스 통장을 쓰면 쓸수록 빚이 늘어 부담스럽듯이 마음도 마이너스 통장처럼 묵직하고 불안하다. 일상을 살아가기도 버거워서 허덕거린다. 그렇게 돈이 새어 나가는 것처럼, 에너지가 새어 나가는 것을 알지 못한 채 해야 할 일들에 짓눌려 살고 있지는 않은가? 그렇다면 얼른 자신을 돌아봐야 한다. 처음 가는 낯선 곳을 내비게이션 없이 간다면 길을 제대로 찾지 못하고 헤매듯이, 내가 지금 목적지를 모른 채 가고 있는 건 아닌지 점검해야 한다.

현대 경영 철학의 구루인 피터 드러커는 《피터 드러커의 경영 블로그》라는 책에서 현대인의 시간 관리가 얼마나 중요한지에 대해 이렇게 말했다.

자기 관리의 핵심은 시간 관리다. 성과를 올리는 사람은 일에서 시작하지 않는다. 시간에서 시작한다. 계획으로부터 시작하지 않는다. 무엇에 시간을 빼앗기고 있는가를 분명히 아는 것에서 시작한다. 그 다음에는 시간을 낭비하는 비생산적인 요구를 멀리한다. 마지막으로 이렇게 얻어진 여분의 시간을 효과적으로 배치한다.

시간 관리가 성공의 중요한 열쇠이듯이 더불어 '마음 관리'를 하는 사람은 자신의 인생을 주도적으로 사는 사람이라 할 수 있다. 아무리 바빠도 하루 한 시간 정도는 자신의 의지대로 마음껏 활용할 수 있다. 그 시간 동안 자신의 마음의 잔고가 어떤 감정으로 차 있는지 확인하는 것은 갑자기 불어 닥치는 마음의 탈진 상태를 막을 수 있는 슬기로운 방법이다.

겨울이 왔다. 유난히 겨울을 심하게 타는 사람들은 추워진 날씨에 더욱 외로움을 느낀다. 오랜만에 만난 친구와 맥주 한 잔을 기울이면서 이런 이야기를 나누었다.

"너는 외롭지 않아? 난 만날 똑같은 일이 너무 지겹다. 아직까지 결혼도 못한 내가 한심하기도 하고. 그런데 마음 내킨다고 결혼을 그냥 할 수는 없잖아. 이젠 혼자인 게 익숙해서 누군가를 만나는 것도 어색하고 두려워."

자존심이 강한 그 친구가 그런 말을 하는 것을 듣고 내심 놀랐다. 일에 지치고 마음의 여유가 없는 그녀에게 연애를 해보라고 권유하자, 그녀는 이런 얘기를 하면서 내 말을 가로막았다. 그녀의 말을 들으니, 생텍쥐베리의 〈어린 왕자〉에 나오는 여우 이야기가 생각났다.

"내 생활은 단조롭단다. 나는 병아리를 쫓고 사람들은 나를 쫓지. 병아리들은 모두 똑같고 사람들도 모두 똑같아. 그래서 난 좀 심심해. 하지만 네가 나를 길들인다면 내 생활은 훤히 밝아질 거야. 다른 모든 발자국 소리와 구별되는 발자국 소리를 나는 알게 되겠지. 다른 발자국 소리들은 나를 땅 밑으로 기어들어가게 만들 테지만, 너의 발자국 소리는 땅 밑 굴에서 나를 밖으로 불러낼 거야! 그리고 저길 봐! 저기 밀밭이 보이지? 난 빵은 먹지 않아. 밀은 내겐 아무 소용도 없는 거야. 밀밭은 나에게 아무것도 생각나게 하지 않아. 그건 서글픈 일이지! 그런데 너는 금빛 머리칼을 가졌어. 그러니 네가 나를 길들인다면 정말 근사할 거야! 밀은 금빛이니까 나에게 너를 생각나게 할 거거든. 그럼 난 밀밭 사이를 지나가는 바람 소리를 사랑하게 될 거야."

내 친구에게도 길들임이 필요한 여우 같은 친구가 필요해 보였다. 서로를 길들이고 알아가는 관계는 두렵다고 해서 나이가 들었다고 포기가 되는 것이 아니다.

"사람들은 이제 아무것도 알 시간이 없어졌어. 그들은 상점에서 이미 만들어져 있는 것들을 사거든. 그런데 친구를 파는 상점은 없으니까 사람들은 이제 친구가 없는 거지. 친구를 가지고 싶다면 나를 길들여 줘."

"그럼 어떻게 해야 하는 거지?"

어린 왕자가 물었다.

"참을성이 있어야 해."

여우가 대답했다.

"우선 내게서 좀 떨어져서 이렇게 풀숲에 앉아 있어. 난 너를 곁눈질해 볼 거야. 넌 아무 말도 하지 마. 말은 오해의 근원이지. 날마다 넌 조금씩 더 가까이 다가앉을 수 있게 될 거야……."

스마트 폰 사용이 대세가 되면서 이전과는 비교할 수 없을 정도로 인간 관계의 맺음도 빨라졌다. 카톡이나 페이스북, 트위터, 블로그 등 SNS를 통해 다양한 만남이 이루어지고 언제 어디서나 소통이 가능하게 되었다. 하지만 카톡의 메시지에는 손 편지처럼 진득한 기다림이나 애틋함은 없다. 여우와 어린 왕자의 만남처럼 곁눈질로 서서히 알아간다는 것은 손 편지를 기다리는 마음과 같다. 내가 기준이 아니라 상대방의 기준에 나의 눈높이를 맞추며 마음을 열어 가는 것이다.

"언제나 같은 시각에 오는 게 더 좋을 거야."

여우가 말했다.

"이를 테면, 네가 오후 네 시에 온다면 난 세 시부터 행복해지기 시작할 거야. 시간이 갈수록 난 점점 더 행복해지겠지. 네 시에는 흥분해서 안절부절못할 거야. 그래서 행복이 얼마나 값진 것인가 알게 되겠지! 아무 때나 오면 몇 시에 마음을 곱게 단장을 해야 하는지 모르잖아. 의식이 필요하거든."

"의식이 뭐야?"

어린 왕자가 물었다.

"그것도 너무 자주 잊혀지고 있는 거야."

여우가 말했다.

"그건 어느 하루를 다른 날들과 다르게 만들고, 어느 한 시간을 다른 시간들과 다르게 만드는 거지. 예를 들면 내가 아는 사냥꾼들에게도 의식이 있어. 그들은 목요일이면 마을의 처녀들과 춤을 추지. 그래서 목요일은 신나는 날이지! 난 포도밭까지 산보를 가고, 사냥꾼들이 아무 때나 춤을 추면, 하루하루가 모두 똑같이 되어 버리잖아. 그럼 난 하루도 휴가가 없게 될 거고……."

내 친구인 K에게도 삶의 의식이 필요해 보였다. 단조로운 일상에서 탈출하는 방법은 어느 하루를 특별한 하루로 만드는 것이다. 만날 똑같은 하루라고 불평하는 대신, 자신만의 특별한 날을 만들어 보는 것이다. 나는 한 달 중 마지막 날을 나를 위한 '러블리데이'로 기념한다. 그날은 온전히 나를 위한 날로서, 사고 싶었던 물건을 사거나 하고 싶은 걸 해본다. 언젠가부터 나는 이날을 손꼽아 기다리게 되었다.

'한 달 동안 굉장히 수고 많았어.'

'넌 참 괜찮은 사람이야. 잘 살고 있음에 감사한다.'

이런 위로를 스스로에게 하면서 나만의 시간을 자유롭게 보내는 것이 기쁘고 행복하다. 여러분도 일상의 소소한 기쁨과 행복감을 마음 통장에 입금하길 바란다. 어떤 종류의 기쁨과 행복감일지는 자신이 좋아하는 것에 맞추면 된다. 단, 좋아하는 것을 잘 입금하는 비법은 여우가 어린 왕자에게 말한 '비밀'을 기억하는 것이다.

내 비밀은 이런 거야. 그것은 아주 단순하지. 오로지 마음으로만 보아야 잘 보인다는 거야. 가장 중요한 건 눈에 보이지 않는단다.

누구보다 더
나를 사랑하라

고3 때, 우리 반에는 아버지가 의사인 친구가 있었다. 부산 영도 동삼동이라는 가난한 시골 동네에서 아빠가 의사인 것은 큰 자랑거리였다. 그 친구는 집도 잘 살고 성격도 외향적이라 반 친구들에게 인기가 많았다. 학기 초 반장 선거를 하였는데, 예상대로 그녀가 반장이 되었다. 당시 나는 이 사실에 심한 질투를 느끼며 속으로 분개했다.

'애들이 왜 저런 애를 반장으로 뽑을까? 난 가난하니까 투표에서 떨어졌을 거야. 사람들은 가난한 걸 싫어하니까.'

나는 시각장애인인 아버지, 의붓 엄마와 함께 사는 우리 집을 반장네 집과 계속 비교함으로써 나를 더 초라하게 만들고 미워했다. 당시 나는 나에게 이런 자기 암시를 주었다.

'나보다 더 안 좋은 환경에서 태어난 사람은 없을 거야.'

'세상은 공평하지 않고 위험해.'

'부자 부모를 만나야 행복하게 살 수 있어.'

'남들은 다 자신 있게 잘 사는데, 왜 나만 이 모양이지?'

'왜 나만 이렇게 힘든 걸까?'

문제에만 집중하다 보니 '나는 문제가 많은 사람이다'라는 부정적 확신이 생겨났다. 그래서 더욱 나의 단점을 감추게 되었고, 자존감은 극도로 떨어졌다. 나는 나를 사랑하는 것과는 거리가 먼 삶을 살았다.

누군가 나를 비교하면 싫은 마음이 생긴다. 아들이 1학년 때 수학 시험을 치고 95점을 받았다. 평소 90점 미만으로 점수를 받았던 아들은 기뻐서 나에게 이렇게 말했다.

"엄마, 나 이번 시험에서 95점 받았어."

이 말을 듣고 나는 안타깝게도 이렇게 말했다.

"95점? 하나만 더 맞았으면 100점일 텐데 아깝다. 반 애들 중 100점은 몇 명이었어?"

아들은 표정이 갑자기 시무룩해지더니 울먹거리기 시작한다.

'아차, 내가 실수했구나.'

하지만 이미 때는 늦었다. 나는 즉시 아들에게 다른 아이들과 비교한 것을 진심으로 사과하며 미안해 했다.

강남역 1번 출구에서 친구를 기다리고 있는데, 이 사람 저 사람 다가와 내게 전단지를 주었다. '성형외과 할인 쿠폰'이었다. 사실 내가 고칠 부분이 한두 군데랴. 내게 전단지를 준 사람은 마치 내가 그 부분만 고치면 완벽할 것처럼 설명했다. 이런 설명을 들으면 정말 빚을 내서라도 할 수밖에 없겠다는 생각이 들었다. 잘생기고 싶고 예쁘고 싶은 욕망은 누구에게나 있으니까! 하지만 나는 안다. 내가 그 부분만을 고친다고 해서 완벽하게 외모에 만족할 수 없음을.

나도 역시 잘생긴 외모를 가진 남자나 여자가 지나가면 시선이 그쪽으로 향한다. 솔직히 말해서 '예쁘다'는 칭찬을 들으면 말을 한 사람에게 호감이 생긴다. 당신은 어떤가? 그렇다면 하루 중 스스로에게 예쁘다는 칭찬을 얼마나 하는가?

"예쁜 구석이 있어야 칭찬을 하지!"라고 대답할 수도 있다. 그러나 거울을 찬찬히 보라. 정말로 예쁜 구석이 하나도 없는지.

예전에 나는 정말 예쁜 구석이 하나도 없었다. 학창 시절, 내 번호는 반에서 늘 1번이었다. 공부를 잘해서가 아니라 키가 작다는 이유만으로. 그래서 나는 내 열등감을 극복하기 위해 일부러 나보다 키가 훨씬 큰 친구들을 사귀어 친하게 지냈다.

그랬던 내가 대학교 입학 후 한 달도 되지 않아서 캠퍼스 커플이 되어 달콤한 사랑을 하게 되었다. 우리는 당당히 캠퍼스를 누볐고, 틈만 나면 만나서 한적한 오솔길을 산책하곤 했다. 나의 남자 친구는 하루에 스무 번도 넘게 나에게 예쁘다고 말했다. 부모님한테 예쁘다는 말을 거의 들어본 적이 없는 나였던지라 의심이 생겨 이렇게 물었다.

"너, 나한테 잘 보이려고 일부러 그러는 거지? 도대체 어디가 예쁘다는 건데?"

그는 활짝 웃으며 이렇게 말했다.

"거울 좀 봐. 정말 몰라? 속눈썹도 엄청 길고, 눈빛도 순수해서 귀엽고, 웃을 때 애기같이 깔깔거리고 웃잖아. 피부도 하얗고 뽀샤시해."

처음 이 말을 들었을 때는, 사랑에 빠지면 호르몬 변화로 정신이 이상해진다더니 그래서 그러는 모양이라고 생각했다. 그런데 매일 만날 때마다 끊임없이 그런 말을 들으니까 어느 순간 이렇게 세뇌가 되었다.

'맞아 난 예뻐. 나만의 매력이 있어. 난 참 괜찮은 사람이야.'

이때 형성된 긍정적인 신념 덕분에 나는 지금도 '나는 예쁘고 괜찮은 사람이다'라고 굳게 믿고 있다. 고등학교 때까지 줄곧 가지고 있던 '나는 키가 작고 지극히 평범하고 못났다'는 부정적인 신념은 대학 시절 그를 통해 깨끗이 씻어지게 되었다.

다른 사람들이 나를 아무리 예뻐해 줘도 스스로 예쁘다고 생각하지 않으면 예쁘지 않은 것이다. 내면아이 치유를 하면서 수많은 내담자들을 만났다. 주로 외모에 관심이 많은 미혼의 20~30대 청춘들이었다. 안타까운 것은, 정작 예쁘고 잘생겼다고 평가 받는 사람들은 자기 스스로 평가절하하면서 결핍감을 느끼는 경우가 많다는 것이다. 그들은 한결같이 자기 사랑이 부족하고 자신의 외모 중 단점만 집중적으로 본다는 공통점을 가지고 있다. 사람에겐 누구나 강점과 단점이 있는데, 강점에 집중하지 않고 단점만 보니 예쁘게 보일 리가 없는 것이다.

성형외과에서는 이런 고객들을 대상으로 예뻐지고 싶은 욕구를 부채질한다. 물론 더 아름다워지고 싶은 욕구는 누구에게나 있다. 하지만 이 욕구가 지나쳐서 돌이킬 수 없는 잘못된 선택을 하게 된다면, 뒤늦게 후회하는 것은 물론, 그런 선택을 한 자신을 미워하게 된다. 그리고 그때부터 자기를 미워하는 악순환이 거듭된다.

누군가를 좋아하면 내 마음이 행복하고 평안해지는 것처럼, 내가 나를 사랑하면 행복해지고 평안해진다. 또, 누군가를 좋아하면 그 사람을 위해 많은 투자를 하게 된다. 선물을 사기도 하고 칭찬을 하며 그의 관심에 들기 위해 최선의 노력을 한다. 연애할 때를 생각해 보라. 내가 누군가를 사랑하면 어느 쪽이 더 행복한지를. 사랑을 하면 행복해지는 사람은 상대방이 아니라 나 자신이다.

그렇다면 내가 나를 사랑하면, 누가 좋을까? 다른 사람이 나를 좋아하게 만드는 것은 결코 내 의지대로 되는 일이 아니다. 하지만 내가 나를 좋아하는 것은 내 의지에 따라 얼마든지 가능하다. 그런데 많은 사람들이 스스로에게 칭찬을 하거나 선물을 주거나 좋아하는 것들을 하도록 하는 데는 인색하다. 남을 사랑할 때는 그토록 지극정성으로 노력을 하면서도 정작 자신을 사랑하는 데에는 어색해하고 인색해지는 이유가 무엇일까?

그것은 나를 사랑함으로써 내가 더 행복해지고 평안해지는 경험을 해 보지 않았기 때문이다. 자신을 사랑하면 기분 좋은 감정 상태에 이르고, 이 기분 좋은 감정은 행복한 일들을 끌어당긴다. 반대로 자신을 사랑하지 않으면 기분이 좋지 않고 스스로를 무가치한 존재로 느끼게 만든다. 나아가 자신뿐 아니라 주변의 다른 사람들까지 더욱 가치 없는 존재로 대하게 된다. 이런 식으로 삶의 패턴이 계속된다.

내 주변에서 펼쳐지는 세상을 경험하는 것은 다름 아닌 나 자신을 경험하는 일이다. 스스로 자신을 무가치하게 대하고 사랑하지 않는데, 과연 누가 나를 사랑할까? 사람은 생각하는 대로 된다. 내 현실을 창조하는 창조자는 나이기 때문이다.

생각은 에너지이다. 에너지는 공명의 원리로 자신과 비슷한 에너지를 끌어당긴다. 건강이 나빠질까 봐 두려워하면 건강이 나빠진 상태를 끌어당길 것이다. 가난을 두려워하면 가난을 끌어당길 것이다. 내가 나를 사랑하면 내 속에 사랑스러운 삶을 끌어당기는 것이다. 누구보다 자신을 더 사랑해야 하는 이유가 바로 이것이다.

지금 나의 삶을 사랑이 가득 찬 삶으로 바꾸고 싶은가? 남들은 연애를 잘만 하고 행복한 결혼 생활을 하는데, 나만 모태 솔로이고 눈을 씻고 찾아봐도 주변에 괜찮은 사람 하나 보이지 않는가? 기억해야 될 것은, 지금 내 곁에서 일어나는 모든 일들은 다른 사람이 아닌 나 자신이 끌어당긴 것이라는 사실이다. 그러므로 당장 그 누구보다 더 나를 사랑하는 데 힘써라. 자신을 사랑한다면 나 자신이 곧 사랑이 가득 찬 삶을 끌어당길 것이다.

제4장

이제 진짜
‘내 인생’을 살라

꿈을 이루는
위시 리스트를 만들어라

"삶은 꿈과 멀어질수록 지루하고 똑같은 일상의 반복으로 전락하고 만다."

독일의 철학자 쇼펜하우어가 한 말이다. 사람들에게는 누구나 이루고 싶은 꿈과 바람이 있다. 내 삶이 지루하고 늘 똑같다고 느껴진다면, 지금 내가 원하는 것이 무엇인지부터 살펴봐야 한다. 원하는 것이 없는 삶은 활력이 있을 수 없기 때문이다.

나는 2014년 7월, 내 생애 처음으로 책을 쓰게 되었다. 글을 집필하면서 잠자고 있던 나의 꿈, '작가가 되겠다는 소망'이 더욱 간절해졌다. 그동안 바쁜 생업에 묻혀서 꿈과는 거리가 먼 삶을 살았다. 책을 쓰면서 나의 위시리스트를 하나 둘씩 꺼내어 보았다. 마치 보물 상자 속에 소중한 연애편지들이 숨겨져 있듯이, 나의 위시 리스트들이 차곡히 쌓여 있었다. 보물 같은 나의 위시 리스트들은《사는 게 더 즐거워지는 40가지 위시 리스트》로 탄생했다.

나는 집필 당시 스스로 이런 질문을 던졌다.

'내일 당장 세상을 떠난다면 이루고 싶은 꿈이 무엇인가?'

'내가 누구보다 잘할 수 있는 일은 무엇일까?'

'세상에 선한 영향력을 끼치고 내 삶을 더 즐겁게 해주는 것은 뭘까?'

'내가 진정으로 하고 싶은 일을 뭘까?'

책을 출간한 뒤, 나는 〈잠재력을 끌어당기는 위시 리스트 프로그램〉을 진행하고 있다. 꿈이 없거나 자신의 강점을 찾지 못한 사람들을 대상으로 잠재력을 일깨워주고 꿈을 찾는 과정을 도와주는 일을 한다. 위시 리스트란, 하고 싶고 바라는 일들의 목록들이다. 이 목록을 작성하기 위해서는 먼저 자신의 마음속에서 꿈을 이루었다고 상상했을 때 그 일이 하고 싶어서 심장이 두근대는 일을 찾아내야 한다. 이때 내면에서 내가 원하는 답을 거부하지 말고 있는 그대로 인정해야 한다. 그것이 진정으로 당신이 원하는 일들이다.

다카이치 아라타의 《가슴 뛰는 상상을 즐겨라》를 보면 이런 내용이 소개된다.

"목소리요?"

"네, '마음의 소리'요. 마음의 소리는 저에게 이렇게 속삭였습니다. '예전에 네가 원했던 것이 무엇이었지? 네가 포기한 것은? 그리고 지금, 네가 진짜 원하는 것은 무엇이지?'라고 말입니다."

"그래서 나온 답이 TV디렉터가 되는 일이었나요?"

"아니오. 아닙니다."

야마베는 단호하게 부정했다.

"'예쁜 여자들에게 인기 있는 남자가 되자!'라는 것이었습니다."

"그런데 아무리 그래도, 예쁜 여자들에게 인기 있는 남자가 되고 싶어서 영상 일을 하게 되었다는 건 너무 유치한 것 아닙니까?"

"네네, 그렇게 생각하실 만도 합니다. 하지만 그렇게 유치한 이유라 하더라도 그것이 진정한 마음의 소리라면 괜찮습니다. 실마리는 바로 거기에 있거든요."

여기에 나오는 주인공은 연예계에 대해 전혀 몰랐던 사람이 어떻게 영상 제작 일을 하게 되었는지의 과정을 설명하고 있다. 나는 《가슴 뛰는 상상을 즐겨라》를 읽고, 작가가 이 책에서 하고 싶은 말의 핵심을 '자신의 가슴에서 뜨겁게 원하는 것들을 존중하여 꿈을 이루어야 한다'로 귀결 지을 수 있었다. 꿈을 이루기 위해서는 비록 이해되지 않고 유치하더라도 내가 하고 싶은 것들, 즉 마음의 위시 리스트를 기록하여 실천해야 한다. 그러면 어느 새 자신의 꿈이 성큼 다가와 있는 것을 발견하게 될 것이다.

마음으로 원하는 것을 찾으면, 두 번째 단계는 위시 리스트를 작성하는 것이다.

우리 뇌에는 망상 활성화 시스템이 있다. 이것을 통해 긴급한 메시지는 두뇌의 활성화된 부위에 전송되고, 긴급하지 않은 메시지는 잠재의식 속으로 보내진다. 즉 두뇌의 신기한 여과 시스템인 것이다. 그러므로 위시 리스트를 기록하는 행위는 그 시스템에 성능 좋은 필터를 설치하는 일이다. 일단 위시 리스트를 적기 시작하면 두뇌는 내가 원하는 것들과 관련된 것들에 대해 민감하게 반응하기 시작한다. 일상생활을 하면서 내가 원하는 것들에 초점이 맞춰지는 순간부터 원하지 않는 것에 대한 관심들이 줄어든다. 원하는 것들에 대해 초점을 맞추는 삶이란, 내가 원하는 것들을 삶에 적극적으로 초대하는 것이다.

일단 기록하고 나면 두뇌는 무의식적으로 원하는 것들을 달성하는 방향으로 움직인다. 이는 깨어 있는 시간뿐만 아니라 잠자는 시간에도 끊임없이 원하는 것들을 향해 움직인다는 의미이다. 그래서 꿈을 이룬 사람들 중에는 꿈속에서 기발한 아이디어를 얻었다거나, 잠에서 깨자마자 원하는 것들을 달성해 줄 힌트를 얻었다고 하는 사람들이 많다.

미국 하버드 대학교에서 신입생들을 대상으로 일련의 조사를 했다. 조사 결과, 3%의 학생만이 자신의 목표를 글로 적어 놓고 수시로 읽는 습관을 가지고 있었으며, 10%의 학생은 목표는 있지만 글로 옮겨 적지는 않고 있었다. 나머지 60%의 학생은 목표가 수시로 바뀌었고, 27%의 학생은 목표 자체가 아예 없었다. 25년이 지난 후다시 그 학생들에게 일어난 변화를 조사해 보았다. 3%에 해당됐던 사람들은 최고의 부를 누리며 살고 있었고, 10%는 중상위층, 60%에 해당됐던 사람들은 하루하루 간신히 생활을 유지했으며, 27%에

해당됐던 사람들은 자선단체의 도움을 받으며 겨우 연명하고 있었다. 구체적인 목표를 글로 적는 행동은 인생에서 이렇게 큰 차이를 만들어 낸다.

최근에 내가 갖고 싶은 것은 샤넬 가방이었다. 나는 그동안 명품 가방에 대해 전혀 관심이 없었다. 굳이 가격이 비싼 명품을 드는 건 사치이자 허영이라고 생각할 정도였으니까. 그런데 라이너 지델만 박사의 《무엇이 당신을 부자로 만드는가》라는 책을 통해 샤넬 코코에 대해 알고 난 뒤 처음으로 샤넬 가방이 갖고 싶어졌다. 나의 시선을 끈 것은, 그녀가 남다른 사고와 행동을 할 수 있는 용기를 가졌다는 점이었다. 샤넬은 이렇게 말했다.

"창조물은 그 모습을 드러내는 순간 익명성을 띄게 돼 있다. 머릿속의 아이디어를 죄다 활용할 수는 없었기 때문에 나는 다른 사람들이 그 아이디어를 구체화하는 걸 보면 매우 기쁘다. 어떨 때는 내 디자인보다 더 훌륭한 디자인도 있다. 누가 모방할까 두려워하는 것은 나태함, 상상력이 부족한 취향, 창조에 대한 신념 부족을 보여주는 증표이다."

지델만 박사가 꼽은 샤넬의 성공 비결은 '문화나 학식의 방해를 받지 않고 과거에 구애 받지 않는 용기'였다. 그는 "그녀의 창조 행위는 체제 전복적인 행위였다"라고 말하고 있다.

샤넬 코코라는 사람을 알게 된 후, 샤넬 가방을 갖고 싶은 내 바람이 더욱 간절해지면서 나는 나의 꿈 목록 수표에 다음과 같이 썼다.

"나에게 꼭 맞는 예쁘고 깜찍한 가방을 가질 수 있어서 감사합니다.”

"우아함과 세련미를 갖춘 가방이 내게 너무 잘 어울려서 나는 한 껏 더 행복해집니다. 감사합니다."

그리고 잠들기 전, 나의 꿈 목록 수표를 들여다보며, 샤넬 가방을 들고 즐겁게 거리를 활보하는 내 모습을 상상하곤 했다. 이후 어떤 일이 벌어졌을까? 3개월 후, 나는 생일 선물로 샤넬 타임리스 CC 소프트를 받게 되었다! 이 경험으로 인해 종이에 적는 힘이 위대하다는 사실을 각인한 나는 나의 꿈 목록들을 지갑에 소중하게 소지하고 다닌다. 최근에는 거실에 '꿈꾸는 서재'를 만들어 소파를 치우고 드림 보드를 세워 놓았다. 그 드림 보드에 사진과 함께 꿈 목록들을 붙여 놓고 수시로 바라보며, 내 꿈을 이루어진 것을 생생하게 상상한다.

안타깝게도 대부분의 사람들이 꿈을 이루지 못한 채 평범한 삶을 살아간다. 물론 평범한 삶이 나쁜 것만은 아니다. 하지만 위대한 인간으로 태어났으면서도 꿈을 발휘해 보지도 못하고 사라진다는 것은 비극이 아닐 수 없다.

작년 여름 휴가 때, 가평에 놀러갔다. 아침에 일어나 펜션에서 준비한 조식을 느긋하게 먹고 수상 보트를 타게 되었다. 배가 날듯이 빠른 속도로 달리기 시작하자, 시원한 물보라가 일었다. 신이 나서 타고 가는데, 맞은편에서 어떤 청년이 너무나 멋지게 수상 스키를 즐기고 있었다. 맑고 빛나는 햇살 아래, 스키는 매끄럽게 강물을 누비면서 하얀 발자국을 남기고 있었다. 자유롭고 멋져 보여 가슴이 두근거렸다.

'나도 타고 싶다. 멋지게 강과 놀고 싶다.'

그 순간, 나의 위시 리스트에 수상 스키가 추가됐다. 하지만 타보고 싶은 마음 한편으로, 강한 두려움이 밀려와 나를 주저하게 했다.

'과연 내가 할 수 있을까? 중심을 잡을 수 있을까? 괜히 강물만 실컷 들이켜는 건 아닐까? 저 돈이면 차라리 맛있는 식사를 할 수 있을 텐데……'

약 20분 동안 망설이면서, 나는 계속 두려움이라는 마음과 실행해 보라는 마음 사이에서 싸움을 벌였다. 그러다가 결국 일단 해보자는 마음이 이겨서 나는 수상 스키에 도전을 했고, 몇 번의 실패 끝에 보란 듯이 중심을 잡고 일어서게 되었다. 그리고 마침내 나는 수상 스키를 타는 데 멋지게 성공함으로써 짜릿한 기쁨과 성취감을 맛볼 수 있었다.

두근거리는 삶이란, 자기가 원하는 일에 열정을 쏟으며 살아가는 삶이다. 현재의 자리에 머무르는 삶은, 안전 지대에 있다는 안도감은 있지만 성장은 없다. 내가 만약 나의 두근거림과 원하는 마음을 무시하고 수상 스키를 타지 않았다면, 안전은 보장되었을지 몰라도 마음속의 불꽃들은 사그라지고 열정의 성장판은 서서히 닫히고 말았을 것이다.

당신에게는 꿈을 이루는 위시 리스트가 있는가? 설령 지금까지 없었다고 해도 실망해선 안 된다. 지금 이 순간부터 가슴을 두근거리게 만드는 위시 리스트를 만들어 쓰면 된다. 위시 리스트는 당신을 꿈의 실현 무대로 안내할 초고속 기차이다. 지금 바로 초고속 기차인 꿈의 위시 리스트에 탑승하라. 종이에 쓰는 순간, 당신의 꿈은 빛의 속도로 실현될 것이다.

잠자고 있는
잠재력을 깨워라

수면 중 잠꼬대로 욕을 자주 하는 K씨. 그는 잠을 자면 악몽을 자주 꾸고 평소에 생각나지 않았던 과거의 장면이 보여서 숙면에 방해가 된다고 호소했다. 잠든 사이 우리의 기억은 과거의 장면을 떠돌거나 미래의 모습을 상상하기도 한다. 나는 요즘 여행하는 꿈을 자주 꾼다. 베스트셀러 작가로서 자유롭게 여행을 하고 싶은 나의 소망이 꿈으로 나타나면 나는 기분 좋은 상태로 잠에서 깨어난다. 이렇듯 수면 중 몸은 잠들어 있지만 마음은 잠들지 않는다.

나는 새벽에 책을 쓰기 위해 알람을 맞춰 놓고 잤으나 일어나는데 번번이 실패했다. '저녁형 인간인 채로 그냥 살아야 되나 보다' 하며 포기하려 했다. 그러다가 나의 잠재력을 믿어 보기로 했었다. 그래서 "내일 새벽 5시 반, 나는 상쾌하게 기상한다"라고 쓰고 상쾌하게 일어나는 내 모습을 상상하다가 잠들었다. 다음날, 나는 모닝콜이 울리기 전에 잠을 깼다. 혹시 늦잠을 잔 것이 아닌가 불안해하면서 시계를 봤는데, 5시 20분이었다. 소름이 끼쳤다. 잠재력이 이렇게 대단한 힘이 있다는 것을 더 실감나게 알게 되었다. 그동안 나는 어째서 그 시간에 일어날 수 있었을까? 나는 잠들어 있었지만, 나의 잠재력이 나를 위해 시간을 재주고 있었기 때문이라고 나는 믿고 있다.

또한 이런 경험도 있었다. 계좌 이체를 하기 위해 은행 홈페이지에 접속하려고 하는데, 아이디와 비밀번호가 도무지 생각나지 않았다. 1시간 동안 컴퓨터를 잡고 끙끙댔으나 허사였다. 결국 은행 마감 시간이 임박하여 차를 몰고 은행으로 향하는데 갑자기 아이디와 비밀번호가 생각났다. 차를 돌려 집으로 돌아오면서 잠재력이 나를 도와준 것에 고마움을 느꼈다.

가난과 역경을 딛고 성공을 거둠으로써 미국 근대 성공철학의 선구자로 불리게 된 오리슨 스웨트 마든은 《부의 지혜》에서 이렇게 밝힌다.

잠들기 전 잠재력에 올바른 메시지, 올바른 일의 지시를 내리는 것은 상당히 중요하다고 할 수 있다. 의심과 절망을 품은 채 잠이 들면 안 된다. 낮이든 밤이든 창조의 예지를 방해해서는 안 되지만, 잠들기 전에는 특히 중요하다. 의심은 많은 사람에게는 노력과 성공을 수포로 돌아가게 하는 장본인이다. 잠자리에 누워 이미 '내일 늦잠을 자면 어쩌지? 내일 일을 그

르치면 어쩌지'하는 걱정을 베개처럼 베고 잔다면, 그 다음날은 반드시 걱정한 대로 된다. 잠재력의 활용법만 알게 된다면 가난한 사람은 사라지게 된다. 슬퍼하거나, 고통스러워하거나, 통증과 병으로 고민하거나, 꿈이 깨져 불행에 빠지는 일은 사라진다. 따라서 꿈을 실현하고, 풍요롭고 행복하게 살기 위해서는 눈에 보이지 않는 비서에게 바르게 지시를 내리고 스스로 필요한 노력만 하면 된다.

당신의 잠재의식에 당신이 원하는 것을 새기고 그 장면을 상상하는 것이 바로 잠재력을 활용하는 방법이다. 잠재의식은 나의 지시와 원하는 것에 따를 뿐이다. 잠재의식이 내 편이 될지 아닐지도 다른 사람이 아닌 내가 선택하는 것이다. 잠재력을 내 편으로 만들기 위해 내가 원하는 것과 긍정적인 것을 지시하는 것이 중요하다. 두려움, 불안, 걱정 등을 불러일으키는 어두운 생각이 아니라 긍정적이고 희망찬 생각을 내 잠재력에 각인시키는 것이 필요하다.

잠재력의 힘은 누구에게나 있다. 하지만 많은 사람들은 내면에 존재하는 잠재력을 사용하지 못한 채 단지 노력만 한다. 잠들어 있는 거대한 잠재력을 깨워서 활용한다면, 노력과 더불어 자신이 원하는 바를 보다 쉽게 실현할 수 있다.

어니스트 헤밍웨이는 "직접 해보기 전에는 아무도 자기 안에 어떤 능력이 있는지 알 수 없다"라고 말했다. 깊게 잠자고 있는 잠재력은 흔들어 깨워야 일어나는 것이다.

위대한 예술가나 음악가, 시인, 작가는 주로 자신의 잠재력에 의해 고무되고 영감을 얻는다고 한다. 가령 에디슨은 아이디어가 떠오르지 않을 때는 무조건 잠을 잤고, 아침에 일어나 보면 생각지도 못한 방법이 떠올랐다고 한다. 영국의 시인이자 소설가인 로버트 루이스 스티븐슨은 잠들기 전에 잠재의식에 자기를 대신하여 스토리를 전개시키는 일을 맡겼다. 그는 은행 잔고가 바닥이 날 때면 으레 잠재의식에게 재미있고 시장성 있는 스릴러를 부탁하곤 했다. 마크 트웨인은 종종 "나는 평생 일한 적이 없다"고 말했다. 유머가 넘치는 그의 저서들은 자신의 잠재력이라는 저장소에서 나온 것이었다. 또한 아인슈타인은 문제에 부딪칠 때면 자신의 내부에 문제에 대한 해결책이 있음을 알고 마음을 최대한 고요하게 만든다고 한다. 그러면 어느 순간, 두더지 때리기 게임에서 두더지가 튀어나오듯 해답이 떠오른다는 것이다. 이렇듯 위대한 업적을 이룬 사람들의 공통점은, 목표를 실현하는 데 잠재력을 잘 활용했다는 것이다.

당신 속에는 어떤 거인이 잠자고 있는가? 환경이나 습관에 의해 잠재력이 잠들어 있는 사람이 많다. 사람들은 잠재력을 깨우려는 노력보다 인생의 폭풍 속에서 방황을 하는 데 시간을 더 많이 사용한다. 아무리 뛰어난 사람이라도 자신의 잠재력을 모두 사용한 사람은 없을 것이다. 그러나 성공을 거머쥔 사람들은 잠재력을 깨우는 노력을 포기하지 않고 지속적으로 계속한 사람들이다.

그러면 어떻게 하면 잠재력을 깨울 수 있을까?

그 첫 번째 방법은 주어진 재능을 발휘하는 것이다.

아브라함 매슬로의 말을 들어보자.

"음악가는 음악을 만들어야 하고, 화가는 그림을 그려야 하고, 시인은 시를 써야 한다. 진정한 마음의 평화를 얻고자 한다면 자신이 원하는 일을 해야 한다."

즉, 타고난 자신의 재능을 낭비하지 말고 발휘해서 인생을 성공적으로 살아야 한다는 것이다. 당신은 어떤 가치보다도 귀중한 존재이다. 나의 잠재력을 통해 수백만 명의 사람을 도울 수도 있고, 중대한 문제를 해결할 수도 있다. 나는 아침에 일어나면 이렇게 소리 내어 말한다.

"나는 나날이 점점 더 모든 면에서 좋아진다."
"내게는 넘치는 에너지와 열정이 있다. 나는 이미 충분한 능력이 있다."
"나에게는 행운과 풍요가 따르고 그것에 대해 깊이 감사하는 마음을 가진다."
"나는 내 안의 무한한 잠재력을 믿는다."
"멋진 일로 가득한 나의 잠재력은 반드시 꿈을 이루어준다."

과거의 나는 힘든 일이 있으면 의기소침해지고, 뭐든지 애쓰고 노력하는 것만이 유일한 성공의 비결이라고 믿었다. 그래서 한계에 부딪칠 때마다 의지력이 부족하다며 나 자신을 자책하고 더 노력하지 않은 것을 후회하곤 했다. 그러면서 더 부지런해지기를 원했지만 오히려 더 게을러지고, 열정이 넘치기를 원했지만 더 나태해지는 자신을 비참하게 바라만 볼 뿐이었다.

그러나 잠재력을 활용하는 방법을 알고부터 내 삶은 달라졌다. 물론 예전보다 노력을 게을리 한 것은 아니었다. 노력한 데다가 잠재력에 대한 믿음까지 생기자 기대하는 결과가 이루어질지 아닐지에 대한 걱정이 사라졌다. 과거에는 결과가 어떻게 될지 아무도 모르는 일인데 점쟁이마냥 습관적으로 부정적인 상상을 자주 하곤 했다. 하지만 잠재력을 믿고 괴로워하는 시간이 줄어드니 자신감이 생기고 평화가 찾아왔다. 지금은 습관적으로 긍정적인 상상에 젖는다. 작가와는 무관한 삶을 살았던 내가 이렇게 몰입하여 글 쓰기를 하게 된 것도 잠재력을 활용한 덕분이었다.

잠재력을 깨우는 방법 중 두 번째는 익숙한 것에서 벗어나 체험의 범위를 넓혀가는 것이다. 매일 어울리는 사람과 어울리고 갔던 장소만 다닌다면 안전하기는 해도 잠재력은 깨워지지 않는다. 다양한 삶을 사는 사람들과의 만남과 새로운 경험을 통해 자신의 영감과 재능을 발견할 수 있다. 나는 매달 수입의 30% 이상을 좋아하는 책을 사는 데 투자하고, 심리 분야나 자기 계발과 관련한 워크숍에 참가하는 것을 즐긴다. 새로운 모임에 갈 때마다 나는 '이번에 만나는 사람들은 나에게 어떤 영감을 줄까?'라는 생각에 그들을 만나기 전부터 마음이 설렌다.

잠재력을 깨우기 위한 꾸준한 노력만이 잠든 거인을 깨울 수 있다. 어마어마한 능력을 지닌 당신의 잠재력을 찾기 위한 발걸음을 시작해 보라. 새로운 것을 시도하는 것은, 자신을 두려움에서 한 발 벗어나 새롭게 태어나게 한다. 나는 '잠재력이 굉장한 사람이다'라고 생각하면서, 새로운 시도를 통해 다양한 교훈을 얻어야 한다. 나는 당신의 거대한 잠재력을 응원한다.

행복을
미루지 말라

예를 들어 당신이 승진 시험 발표를 앞두고 있다고 가정해 보자. 어떤 결과가 더 나에게 유리할까? 만일 시험에 합격하여 승진이 되면 월급이 올라간다. 그러나 또 한편 더 많은 업무와 책임이 따른다. 지금은 실수를 해도 말단 직원이니까 용납이 되지만, 직급이 올라갈수록 조금만 실수해도 무능력으로 낙인찍히기 쉽다. 다른 경우는 승진 시험에 떨어지는 결과이다. 승진 시험에 떨어지면 일단 자신이 무능력한 것 같고 남들 보기 창피하다. '동기들보다 뒤처지면 안 되는데'라는 생각까지 들면 자괴감이 들기도 한다.

그러나 당장 승진 시험에 떨어진다고 해서 실패한 인생일까? 잠깐의 성공으로 기쁨은 있겠지만, 평소 행복하지 않다면, 그 성공의 기쁨은 잠깐의 안도감만 줄 뿐이다. 우리의 시선은 자꾸 과거와 미래로 달아나지만, 가장 중요한 것은 지금 이 순간 내가 얼마나 평안하고 행복한 기분을 느끼느냐이다.

예기 불안은 이런 경우에 작동한다. 우리는 결과를 모르면서 결과를 애써 알려고 애쓴다. 기다리는 시간 동안 초조함과 불안함을 선택한다. 어떤 결과를 담담히 받아들이기보다는 미리 불안해하고 초조해하면서 부정적인 시나리오를 작성한다. 당연히 그것이 결과에는 아무 도움이 되지 않는다. 지금 내가 만드는 생각이 긍정적인 결과에 아무런 영향을 미치지 못하기 때문이다.

따라서 지금 이 순간 행복한 것이 중요한 이유는 바로 이 때문이다. 과거에 대한 후회감과 미래에 대한 불안감이 우리를 잠식할 때가 많다. 행복의 열쇠인 '지금 이 순간을 살아라'라는 말은 지금 현재에 오로지 집중하라는 것이고 순간에 충실하라는 것이다.

나는 행복에 대해 강의를 할 때, 본인의 행복 지수를 물어본다. 그리고 지금 이 순간 자신이 행복하려면 어떤 걸 선택할 수 있을까를 생각해 보게 한다. 대부분의 사람들은 행복은 나중에, 짬 있을 때, 먹고 사는 데 지장이 없을 때, 언젠가 오는 것이라고 답한다. 지금 이 순간에 감사거리를 찾듯이 행복은 주변에 널려 있는데도 말이다.

나에게는 소중한 인연들이 많다. 그 중 나에게 몸소 행복이란 어떤 것인지를 알려주신 한 분을 소개하고자 한다. 아들 현석이가 3살 때였다. 조그만 아이가 어디서 그렇게 힘이 나오는지 어린이집에 가면 무조건 들어가지 않겠다고 문 앞에서 억지를 부렸다. 아침마다 전쟁이었다. 시간에 쫓겨 아이를 번쩍 들어서 어린이집에 강제로 들여보낸 후 뒤도 안 돌아보고 뛰어가면서 '내가 꼭 이래야 하나. 어미로서 못할 짓이다'라는 생각에 몇 번이나 눈물을 흘렸는지 모른

다. 그러던 어느 날, 어린이집 원장님과 대화를 하면서 뭔가 어린이
집에 말 못 할 문제가 있음이 느껴졌다. 말 못 하는 어린아이가 하루
중 있었던 상황을 다 세세히 이야기하지는 못해도 표정과 몸짓으로
모든 걸 얘기하고 있었다. 나는 그날 아이가 다니던 어린이집을 그
만두기로 결정했다. 직장을 그만둘까 하다가 아이를 돌봐줄 좋은 사
람이 있을 것이라는 생각에 여기저기 알아보았다. 그렇게 인연이 되
신 분이 안산 '이모님'이다. 고향이 경북이신데, 결혼 후 서울에 살
다가 남편의 사업이 잘못되자 안산으로 이사를 오셨다고 한다. 호칭
을 어떻게 해야 되나 고민하다가 "이모님이라고 불러도 돼요?"라고
여쭤봤고, 이후로 '이모님'이라고 부르게 되었다. 역경을 많이 겪으
셨음에도 표정은 인자하며 웃음이 많고 부지런하신 분이었다. 당시
걱정거리가 참 많았던 나는 이모님의 호탕한 웃음소리 한 방에 걱정
거리가 싹 날아가는 듯했다.

걱정거리가 있으면 자주 이모님께 털어놓고 의지하곤 했다. 당시
나는 깊은 불행감에 빠져 있었다. 가정에 무심하다고 느꼈던 남편에
대한 섭섭함, 친정의 도움 없이 초보 엄마가 아이를 양육해야 하는
버거움, 직장 생활의 고단함 속에서 행복의 요소를 찾을 수가 없었
다. 그럴 때마다 이모님은 내 고민을 들어주시며, 너무 걱정하지 말
고 걱정거리는 하나님께 맡기라고 조언해 주셨다. 그리고 현재 고맙
고 잘 되는 일을 생각해 보라고 하셨다. 이모님의 그 미소는 외부 상
황이 행복해서가 아니라, 현재 감사하고 다행스러운 요소를 스스로
찾고 있는 데서 나오는 미소라는 것을 알게 되었다. 경제적 상황이

나 외부 조건에서 보면 내가 이모님보다 모든 면에서 좋은데도 나는 내 뜻대로 안 되는 일만 보면서 불평을 하고 있었다.

이모님은 무려 5년간 그렇게 현석이를 봐주셨다. 비가 오나 눈이 오나, 심지어 몸이 아파도 먼저 연락해서 '못 가겠다'는 말씀을 하신 적이 한 번도 없었다. 그분은 천주교 신자셨는데, 나는 그 이모님을 보며 자연스레 천주교에 관심이 생겨 성당에 나가게 되었다. 우리 부부는 이모님 덕분에 영세도 받게 되었고, 어린이집에 다닐 때 예민했던 현석이는 점점 밝고 순한 아이로 변했다. 우리가 안산에서 서울로 이사를 하게 되었을 때, 조심스럽게 계속 도움을 주시길 청했는데, 이모님은 출퇴근길이 먼데도 흔쾌히 허락을 해 주셨다. 비록 지금은 현석이가 커서 자주 뵙지 못하고 있지만, 현석이가 건강하게 잘 큰 건 모두 그 이모님 덕분이다. 그분이 없었다면 나는 일을 그만두고, 또 신세 한탄을 하고 있을지 모른다. 이모님께 늘 감사하고 있다는 말을 꼭 전하고 싶고 평안하시길 기도드린다.

행복의 조건은 무엇일까? 나는 이모님을 통해 '행복의 조건'을 배웠다. 행복이란 삶 속에서 늘 다행이고 감사한 일을 찾아내는 것. 어떤 상황에서도 한 가지 이상 감사한 일은 꼭 있다는 걸 깨우쳐 주셨다.

《지금 내가 살아갈 이유》의 저자 위지안. 그녀는 숲에서 화석 연료를 대체할 에너지를 생산하는 '에너지 숲 프로젝트'를 정부에 제안하는 등 다양한 활동을 벌이던 중 갑작스럽게 말기 암 선고를 받앗다. 그녀는 자기 삶이 얼마 남지 않은 상황 속에서도 희망을 지켜내면서 이 글을 집필했다. 잠깐 위지안 작가의 생각을 들어보자.

영혼의 간이역 같은 도시에서 꿈을 꾸던 나는 스스로에게 이런 질문을 던질 수밖에 없었다.

'인생에서 가장 중요한 것은 무엇일까?'

나의 답은 '시간'이었다. 정확하게 말하자면 '내게 주어진 시간을 어떻게 쓸 것이냐'였다. 그해 겨울 피렌체에서 보낸 사흘이 없었다면 내 인생의 채도는 그다지 높지 않았을 것이다. 사람들은 대부분 '여행'이라는 단어를 '언젠가'로 연결시킨다. "언젠가는 훌쩍 떠날 거야"라는 말로 10년이 흐르고, 20년이 훌쩍 흐른다. 그리고 머리가 희끗희끗해져서야 비로소 깨닫는다. '여행을 떠나기에 적합한 시기가 따로 있는 게 아니라는 것을.'

다시 일어나 걸을 수 있다면, 길이 끝나는 곳까지 쉬엄쉬엄 천천히 걸어가고 싶다. 나보다 더 긴 시간을 살아갈 사람들에게 알려주고 싶다. 누구에게나 마찬가지라고. 시간이란, 여행을 떠날 수 있는 기회라고.

나는 이 글을 읽고, 이런 생각이 들어 눈물이 핑 돌았다.

'엄마로서 어린 아이를 두고 혼자 떠나야 한다는 생각에 얼마나 가슴이 찢어졌을까? 그리고 이 힘든 와중에 어떻게 이런 따뜻한 생각들을 할 수 있었을까?'

책을 읽는 내내 건강한 내가 오히려 아픈 작가에게 위로를 받고 따뜻한 배려를 받는 것처럼 느껴졌다. 일어날 수 없을 정도로 고통스럽고 힘들었을 그녀에게 내가 그런 느낌을 받은 이유가 무엇일까?

　좋은 일이 있으면 행복하고 슬픈 일이 있을 때 불행하다면 우리는 상황의 노예가 될 수밖에 없다. 행복하려면 나에겐 죽을 때까지 좋은 일만 닥쳐야 한다. 그러면 이 시기에 말기 암 선고를 받은 위지안은 줄곧 불행했던 것일까? 온전히 불행한 사람이 어떻게 그 상황 속에서 희망이 담긴 생각을 하고 오히려 다른 사람을 토닥토닥 위로하는 글 쓰기를 할 수 있었을까? 그녀는 불행한 상황 속에서 절망보다는 희망을 보고, 불평보다는 감사를 택했으며 그런 힘이 책을 읽는 독자들의 눈물을 자아내게 했을 것이다.

　인생에서 중요한 건 지금이다. 세계적 베스트셀러 작가 스펜서 존슨은 《선물》이라는 책에서 행복과 성공의 비밀인 지금을 강조했다.

　　지금 내게 주어진 것은 오늘뿐. 내일을 오늘로 앞당겨 쓸 수도, 지나간 어제를 끌어다 부활시킬 수도 없다. 바로 지금 이 순간에 몰입하라.

　용인에서 강연을 마치고 집으로 향하던 중 라디오에서 '배철수의 음악 캠프'가 흘러나왔다. 한때 나는 '배캠'에 빠져서 산 적이 있었다. '힘들더라도 6시까지 일단 버티자'라고 생각하며 고된 하루를 보낼 때 배캠은 나의 든든한 애인이 되어 주었다. 음악 선곡도 좋았지만 배철수 DJ의 통쾌하고 열린 생각들이 시원함과 청량감을 주었기 때문이다. 사연을 올린 K씨의 사연은 1년간 세계 일주를 하고 있다는 것이었다. 그 말을 듣고 인생을 즐기며 행복을 누리는 사람이 참 많다는 것을 알게 되었다. 배철수 DJ도 나와 비슷한 생각을 했는지 다음과 같은 말을 하였다.

"세계 일주를 하신다니 참 부럽습니다. 제 꿈도 세계 일주를 하는 것인데요, 원래 배캠 15주년에 일을 그만두고 세계 일주 여행을 하려고 했는데, 그게 맘대로 쉽게 안 되더군요. 내년에 제가 라디오 진행 25년 차입니다. 그때는 갈 수 있지 않을까 생각해봅니다."

누구도 나의 행복을 찾아주지 않는다. 행복은 내가 원한다고 해서 살 수도, 팔 수도 없다. 그래서 더더욱 행복을 미룰 수가 없다. 사람은 매 순간 선택을 한다. 그 선택을 할 때 세상의 잣대를 위해 행복을 미루는 선택을 하지 말고 가슴으로 추구하는 진정한 행복을 '지금' 선택하라고 말해주고 싶다. 그 행복이 시험을 앞두고 공부하는 것이든, 세계 일주를 하는 것이든 관계없다. 시험을 앞둔 사람이라면 시험 후의 행복이 아니라 공부의 즐거움에 집중하면서 행복을 느낄 수 있고, 5년 후 세계 일주를 하는 게 자신의 행복이라면 지금 라디오를 들으면서 미래에 여행하는 나를 상상하는 것만으로도 충분히 행복할 수 있다.

진짜 행복은 소소한 행복들의 연속이다. 소박한 일상의 즐거움에서 지금 이 순간 행복을 느낄 수 있다면, 어떤 미래의 상황에서도 행복할 수 있는 것이다. 그래야 우리는 시간이 지난 후 자신의 선택에 후회가 없고, 자신의 삶이 행복으로 점차 나아간다는 기쁨에 더욱 행복해질 것이다.

원하는 일에
집중력을 발휘하라

"도대체 언제 쉬세요?"

바쁘게 사는 나를 보고 사람들이 이런 질문을 종종 한다. 낮에는 강연, 상담을 하고 밤에는 강연 준비, 글 쓰기, 가사와 육아 등 여러 가지 역할을 하는 나를 보며 사람들이 궁금해 했다. 나는 아이큐가 높은 편은 아니다. 대신 좋아하는 일에 집중을 잘하기 때문에 똑같은 시간을 두 배로 늘려 쓸 수 있다. 지금 이 순간의 역할과 시간에 최대한 몰입하려고 노력한다.

이러한 습관은 직장 생활과 육아를 병행해야 하는 맞벌이를 하면서 시작되었다. 맞벌이 주부는 시간이 턱없이 부족하다. 아이와 있는 시간이 양적으로 부족하기에 양보다 질로 승부를 걸어야 한다. 주말에는 아이와 함께 놀아주고 여행을 가야 하기 때문에 평일에 모든 일을 몽땅 해치우는 편이다. 이럴 때 정확히 마감 시간을 정한 후, 정해진 시간에는 하나의 일에 모든 신경과 에너지를 쏟아 붓는다.

특히 글을 쓰기 시작하면서, 나는 1분 1초를 아끼는 사람이 되었다. '새우잠을 자도 고래 꿈을 꾸어라'는 말처럼 하루 5시간씩 잠을 잤고, 원하는 목표들을 하나씩 이루기 위해 고군분투했다.

이렇게 많은 일을 할 수 있었던 비결은 세 가지이다.

첫째, 원하는 일에 대해 정확히 알고 적극적으로 행동하는 것이다. 대부분의 사람들은 자신이 무엇을 원하는지조차 잘 모른다. 대신 내가 잘하지 못하는 일을 남들과 비교하며 괴로워한다.

듀폰의 여성 경영인 에드나 칼은 이렇게 말했다.

수많은 젊은이가 진정으로 자신이 하고 싶은 것이 무엇인지 전혀 모르고 있다는 현실이야말로 세상에서 가장 비극적인 일이라고 생각한다. 자신이 하는 일에서 월급 봉투 외에 아무것도 얻지 못하는 것이 제일 안쓰러운 일이다. 이런 문제를 가진 사람들이 우리 주변에는 수두룩하다. 많은 사람이 미래에 대한 장밋빛 기대에 부풀어 야심만만하게 일을 시작하지만, 마흔을 넘기면서 이룬 게 아무것도 없다는 사실을 불현듯 깨닫고 크게 절망한다.

나는 내가 잘하지 못하는 것보다 남들보다 잘하고 그 일을 통해 기쁨을 느끼는 일에 열중하고, 하고 싶으면 그것을 행동으로 과감히 옮겼다. 내가 하고 싶어 하는 일이 강연하고 작가로서의 삶을 펼치는 것임을 알게 된 이후 적극적으로 행동한 덕분에 지금 그 일을 동시에 즐겁게 실행하고 있다.

둘째, '집중력'이다. 일을 할 때는 옆에 누가 와도 모를 정도로 집중해서 일에 몰두한다. 마음과 생각을 한곳에 몰입하고 집중하지 않으면 성과를 낼 수가 없다. 상담을 할 때는 내담자의 표정, 눈빛, 말투를 나의 오감을 최대한 활용하여 집중해서 파악했고, 그 결과 빠른 시간 내에 공감이 되어 내담자가 원하는 바를 수월하게 파악할 수 있었다. 시간은 양보다는 질이다. 시간의 양은 조절하기가 어렵다. 그러나 집중력은 내가 노력하면 얼마든지 좋아질 수 있다. 일할 때는 확실하게 일하고, 쉴 때는 확실하게 쉬어야 집중할 수 있다.

직장에 다닌다면 주중에는 내가 맡은 일에 확실히 집중하고, 주말에는 몸과 마음의 긴장을 푸는 휴식이 필요하다. 쉼 없이 계속 집중하는 것은 에너지를 고갈시켜 결국에는 집중력을 떨어뜨린다.

셋째, 잘 하지 못하는 분야는 모두 내가 하지 않고 전문가에게 맡기는 것이다. 강점이 있으면 약점도 있다. 내가 가진 약점을 다른 사람이 가져서 부러워하기보다 그들에게 도움을 요청하면 훨씬 삶의 효율성을 높일 수 있다. 나는 내가 잘하지 못하는 것들, 예를 들면 집안 살림이나 정리 정돈은 가사를 도와주는 전문가에게 맡기고, 그 시간에 내가 잘할 수 있는 것들을 하는 방법을 쓴다.

어느 날, 22세 청년이 상담실 문을 두드렸다. 군 입대를 앞두고 있는 그는 앞으로 무얼 하면서 살아야 할지 고민이라고 했다. 기타 치는 것을 좋아해서 실용 음악과에 입학했는데, 막상 들어가서 생업과 관련된 진로를 결정하려고 하니 막막하다고 했다. 우선 나는 이 내담자에게 고민하는 것은 충분히 괜찮은 것이라고 조언해 주었다. 일단 고민해야 방법을 찾을 것이고, 여러 가지 시도하다 보면 자신에게 맞는 진로도 결정할 수 있다고 말했다. 또한 내 안에 깃들어 있는 잠재력을 깨우기 위해 꿈에 관한 자기 계발서를 꾸준히 탐독하고, 원하는 것에 집중할 것을 강조했다.

성공을 이루는 데 있어 집중은 훌륭한 무기이다. 아무리 확고한 꿈과 계획이 있어도 집중력이 떨어지면 꿈을 향해 끝까지 나아가지 못하기 때문이다.

〈포레스트 검프〉라는 영화를 감동 있게 본 기억이 있다. 포레스트 검프는 아이큐가 75이다. 그러나 그의 어머니는 아들의 교육에 대단히 열성적이어서 다리마저 불편한 포레스트에게 다른 아이들과 똑같은 교육의 기회를 주기 위해 무엇이든 희생했다. 포레스트는 보통 사람보다 좀 아둔한 자기에게 친절히 대해 주고, 나중에 동반자까지 된 여자 친구 제니를 만나 학교를 무사히 다닌다. 어느 날, 악동들의 장난을 피해 도망치던 포레스트는 자신에게 바람처럼 달릴 수 있는 소질이 있음을 발견하게 된다. 그로 인해 고등학교도 미식축구 선수로 가게 되고, 급기야 축구 선수로 대학에까지 입학할 수 있게 된다.

청년이 된 포레스트는 대학 졸업 후, 군에 입대하여 베트남에서 빠른 달리기 능력 덕분에 전우들을 구하는 공로를 세운다. 그 공로로 훈장까지 받고 제대한 그는 전장에서 죽은 동료의 꿈을 좇아 새우잡이 어선의 선주가 되어 군대 상관이었던 댄 중위와 함께 새우를 잡아 큰돈을 모으게 된다. 그즈음 어머니가 위독하다는 소식을 들은 포레스트는 고향으로 돌아오고, 댄 중위가 애플 사에 투자해 큰돈을 벌게 되자 병원과 교회 그리고 죽은 전우의 유가족에게 돈을 나눠준다.

미련하다고 손가락질 받았던 포레스트는 자신의 목표에 대한 무서운 집착과 집중력으로 끝내 성공했다. 이렇듯 성공에 대한 열정과 집중력은 어떠한 시련도 기꺼이 감내하며 견디는 힘을 준다. 살다 보면 나에게 따뜻한 박수를 보내는 사람도 있지만, 차가운 시선으로 비판하는 사람도 있다. 주변의 차가운 시선에도 흔들리지 않고 자신의 목표를 향해 집중력을 발휘하며 묵묵히 앞으로 나아가는 사람만이 성공이라는 결실을 맺는다.

이처럼 한 가지 분야에서 뛰어난 두각을 나타낸 사람들의 공통적인 특징은 뜨거운 열정과 함께 일에 대한 고도의 집중력을 발휘했다는 것이다. 성공에 대한 열정과 집중력이 있어야 닥쳐오는 시련들을 기꺼이 인내하는 힘이 생기기 때문이다. 좋아하는 일을 하고 집중력을 발휘할 수 있다면, 성공이라는 결과물과 동시에 스스로 만족감도 얻을 수 있다.

주변에 일이 즐겁다고 말하는 사람들을 눈여겨 보자. 그들은 활력과 열정이 넘친다. 그런 사람들과 대화를 하면 자꾸 이야기를 하고 싶고 덩달아 기분이 좋아진다. 그들은 어떤 일을 하느냐보다 자신이 그 일을 얼마나 좋아하고 사랑하는지에 관심을 둔다. 사회적으로 아무리 좋은 직업이라도 자신이 좋아하지 않는다면 행복을 방해하는 고문이 될 것이기 때문이다. 행복한 삶이란 거창하게 성공한 삶이 아니다. 내가 원하는 일에 집중력을 발휘하는 삶이야말로 보람과 가치를 느끼는 행복한 삶이다.

돈보다
운을 저축하라

행복한 삶을 끌어당기는 법에 대해 강연을 하다 보면 수강자들로
부터 종종 이런 푸념을 듣게 된다.

제 삶이 이렇게 엉망진창이 된 것은 운이 없어서 그래요. 얼마 전 퇴직
하고 난 뒤 퇴직금을 털어 어렵사리 치킨 집을 열어서 최선을 다해 운영했
습니다. 열심히 하니 수입도 꽤 괜찮았습니다. 그런데 6개월 뒤 바로 옆집
에 다른 치킨 집이 생겼습니다. 그런데 그때부터 서서히 우리 가게에 손
님이 끊기더니 적자가 나기 시작하더군요. 결국 저는 1년 만에 가게 문을
닫게 되었습니다.

그는 자신의 행복이 운에 달려 있다고 믿고 있었다. 운이 없는 내
인생은 행복하지 못하다며 짜증 섞인 한숨을 내쉬었다.

얼마 전 가수 신해철 씨가 일찍 세상을 떠났다. 그의 노래를 무척

좋아했던 나는 마음이 아팠다. 인터넷에서 기사를 읽다가 서울시 마포구에서 했던 그의 강연에 관한 기사를 보게 되었다. 그는 목소리도 좋지만, 철학과 출신답게 자신의 의견을 논리적으로 펼치는 한편, 듣는 사람의 감성을 움직이는 강점을 가지고 있었다. 무대에서 신해철은 이렇게 얘기했다.

여러분, 성공은 '운' 입니다. 자신의 노력도 중요하지만 운은 정말로 강력한 오브젝트입니다. 그 운을 본인이 가졌는지 여부는 알 수가 없습니다. 그렇기 때문에 운이 있을 경우와 없을 경우 두 가지 모든 상황을 설계해야 합니다.

미래는 불투명하다. 그래서 우리는 종종 미래를 운과 연결시킨다. 운이 있을 경우는 괜찮지만, 운이 없을 경우를 대비해서 최악의 경우와 여러 가지 변수를 생각해 봐야 한다. 예를 들면, 치킨 집이 잘될 경우와 잘되지 않을 경우라는 변수를 예측하고 거기에 대처하는 것이 필요하다. 그러나 자신에게는 그런 일이 일어나지 않을 거라고 안일하게 생각해서 아무 대비를 안 하고 있다가, 결국 잘되지 않는 상황을 만나면 그 원인을 안 좋은 운수 탓으로 돌리는 일이 허다하다.

누구나 운이 좋은 사람이 되고 싶어 한다. 특히 실력에 큰 차이가 없을 때는, 운이 성공과 실패를 좌우하기 때문이다. 돈을 저축하듯이 운도 저축하고 필요할 때마다 꺼내 쓸 수 있다면 얼마나 좋을까?

세계적인 명문 발레단 독일 슈투트가르트의 수석 발레리나에서 현 국립 발레단 단장이 된 강수진. 그녀는 발레를 시작한 지 1년 6개월 만에 이화여대 주최로 열린 발레 콩쿠르에서 최우수상을 받았다. 한국에 왔던 모나코 왕립 발레 학교 교장 마리카 베소브라소바는 강수진의 아버지에게 '10만 명 중에 한 명 나올까 말까 한 천재'라며 유학을 권유한 적도 있었다.

그녀는 1985년, 스위스 로잔 국제 발레 콩쿠르에서 동양인으로서는 처음으로 우승했다. 다음해 슈투트가르트 발레단 최연소 단원으로 입단해 1999년 4월, 무용의 아카데미상이라고 일컬어지는 '브노아 드 라 당스' 최고 여성 무용가 상을 수상하는 영광도 안았다.

그녀가 오늘날 세계적인 발레리나가 될 수 있었던 비결은 무엇일까? 그것은, 그녀가 연습 벌레라는 별명을 얻을 정도로 치열하게 노력했기 때문이다. 그녀가 한 시즌 당 신는 토슈즈는 무려 250켤레로, 그녀는 남들이 2~3주 신는 토슈즈를 하루에 네 켤레나 갈아 신은 적도 있다고 한다. 그녀는 어느 일간지 기자와의 인터뷰에서 이렇게 말했다.

"한 시즌 당 토슈즈 250켤레를 씁니다. 한 주에 열 켤레 꼴이죠. 하지만 저는 연습하는 게 전혀 힘들지 않아요. 공연이 오히려 약이에요. 몸이 아플 때 공연을 하고 나면 그 통증이 없어지거든요."

1년에 토슈즈를 1000켤레나 갈아치운다는 사실이 그녀의 어마어마한 연습량을 대변해 준다. 자신의 분야에서 성공한 사람들은 공통점이 있다. 바로 자신의 꿈을 이루기 위해 끊임없이 노력한다는 점이다.

"저는 왜 만날 일이 안 되는 거죠? 정말 운도 지지리도 없어요. 제가 오랫동안 좋아하던 그녀는 제 고백을 듣고 유학을 간다고 하네요. 왜 진작 좋아한다는 말조차 못 했을까 후회됩니다."

3년간 짝사랑을 하다 드디어 고백을 했는데, 호주로 유학을 간다는 여자의 답변을 듣고 망연자실한 김 씨. 처음 그녀를 만났을 때, 그는 직업도 변변치 않고 모아 둔 재산이 없어서 고백할 엄두를 못 냈다고 한다. 그날부터 그는 그녀에게 사랑을 고백하기 위해 치열하게 준비했다.

"제가 여자들한테 인기 있는 스타일이 아니라서 성급히 고백했다가는 100% 실패할 것이 뻔했어요. 하지만 이런 일이 있을 줄은 몰랐네요."

그는 정말 운이 없었던 것일까? 그렇지 않다. 그는 거절당했던 경험이 전혀 없었음에도 불구하고 실패할 것이라는 두려움 때문에 실행하지 못했을 뿐이다. 다가가기를 주저하는 사람에게는 운이 따르지 않는다.

물론 여자들은 남자의 외모, 재력을 주의 깊게 본다. 하지만 그게 전부는 아니다. 남자의 자신감, 당당함, 여자인 자기를 여왕처럼 존중해 주는 배려를 보고 사랑을 느낀다.

남자도 마찬가지다. 여자의 착한 외모, 재력도 중요하다. 하지만 스스로를 사랑하는 자신감, 남자 친구를 최고로 여기는 믿음이 없는 여자에게는 매력을 느끼기가 어렵다. 스스로를 사랑하는 마음은 탄탄한 자존감으로 이어지고, 그 매력은 좋은 운을 끌어당긴다.

섬 소년으로서 아메리칸 드림을 실현해 대한민국의 자랑으로 자리매김한 최경주. 그는 전라남도 완도에서 가난한 농부의 아들로 태어났다. 가난한 부모 밑에서 자랐기 때문에 다른 아이들이 놀 때 부모의 일을 거들어야만 했다. 그러던 어느 날, 그는 아버지에게 골프를 하겠다고 선언했다.

"골프를 하더라도 집안 일에 소홀히 하지 않겠습니다. 또, 어떤 경우에도 아버지한테 골프 뒷바라지를 해달라고 하지 않을 테니 허락만 해 주십시오."

처음에 아버지는 강하게 반대했지만, 그의 끈질긴 호소에 승낙을 했다. 그렇게 해서 그는 골프를 시작하게 되었지만, 가난한 환경 탓에 열여섯 살 때까지 골프 클럽의 문턱에도 가보지 못했다. 그는 잭 니클라우스의 교습서나 비디오를 보며 혼자 연습을 했다. 그리고 결국 그는 잭 니클라우스가 주최한 대회에서 타이거 우즈와 어니 엘스 등 슈퍼스타들을 이기고 정상에 올라 니클라우스로부터 직접 트로피를 받았다.

이처럼 운이란, 피나는 노력과 땀방울이 모여서 만들어지는 것이다. 자신이 할 수 있는 최선을 다하되, 나머지는 운에 맡기고 겸허히 기다린다면 성공은 반드시 온다.

노력은 대충 하고 실패를 거듭한 사람에게 물으면 십중팔구 이렇게 답한다.

"운이 없어서 안됐어요. 난 왜 이리 운이 따르지 않죠?"

그러나 모든 악조건에서도 노력을 기울여 마침내 성공을 거둔 사람에게 그 비결을 물으면 그 사람은 이렇게 대답한다.

"운이 따라주어서 잘된 겁니다."

이렇듯 지속적인 노력은 운을 따르게 만들고, 이것이 성공한 사람들의 공통점이다.

사람들은 돈을 벌기 위해 평생을 노력한다. 월급 생활자의 월급은 정해진 날에 입금된다. 저축과 소비로 사용되는 월급은 들어오자마자 지난달 사용한 대금을 처리하기 위해 순식간에 빠져나간다. 이렇게 돈이 손에서 빠져나가는 것은 어쩔 수 없지만, 운이 새어나가는 것은 우리가 얼마든지 막을 수 있다. 그러려면 돈 버는 시간을 제외한 나머지 여가 시간은 자신의 운을 모아서 저축하는 데 힘써야 한다.

어느 날 아침, 나는 선물 받은 머그잔을 부주의로 깨트렸다. 컵을 한꺼번에 두 개씩 포개어 가지고 싱크대로 옮기다가 떨어뜨린 것이다. 그런데 바닥에 떨어진 2개의 잔 중에서 하나는 애석하게 반 토막이 났지만, 나머지 하나는 신기하게 멀쩡했다. 이후로 나는 살아남은 잔에 '행운의 잔'이라고 이름 붙이고, 이 컵을 더욱 소중히 여기게 되었다. 평소 내 머릿속에는 '나는 운이 좋은 사람'이라는 생각이 있었기 때문에, 아끼던 컵 하나가 깨졌다고 속상해 하기보다 다른 컵이 깨지지 않고 온전한 것에 감사하는 쪽으로 시선을 돌렸다. 만약 내가 운은 평소에 저축하는 것이라는 생각을 분명히 갖고 있지 않았다면, 컵을 깨트린 나를 두고두고 책망했을지 모른다.

한때 '합격 사과' 이야기가 유명했던 적이 있었다. 입시 경쟁이 치열한 일본에서 '떨어지지 않는 사과'는 큰 화제를 불러일으키며 단숨에 인기 상품으로 대박을 터뜨렸다. 나는 이것을 만든 사람은 평소에 운을 저축한 사람이라고 생각한다.

'나는 행운을 끌어당기는 사람'이라는 생각이 운을 끌어당긴다. 우리가 알고 있듯이, 가난한 사람이 부자가 된 공통점은, 그들 모두 가난할 때부터 '나는 부자다'라는 생각을 갖고 있었다는 것이다. 마찬가지로, 지금은 나에게 특별한 운이 따라 주지 않는 상황이라 하더라도 꾸준히 '나는 운 좋은 사람이야, 언젠가 행운이 올 거야'라는 생각을 하면 그 생각이 모여 운이 좋아질 가능성이 높아진다. 생각을 하는 데는 따로 돈이 들지 않는다. 그저 자신이 그렇게 생각하기만 하면 된다. 이것이야말로 운을 저축하는 방법 중 가장 쉬운 방법이라고 생각한다.

운명이란 것이 순식간에 바뀌는 것이 아니라면, 우리는 더더욱 운을 저축하며 살아야 한다. 끊임없이 최선을 다하고 노력하는 자세, '나는 운이 좋은 사람'이라는 믿음을 하나의 티끌이라고 표현한다면, 이것들이 모여 언젠가 태산 같은 대운을 몰고 올 것이다.

오늘 하루도 집을 나설 때 이런 생각으로 운을 저축하면 어떨까?

'오늘 하루는 어디에서 행운이 올까?'

'나는 행운을 끌어오는 사람이다. 삶은 멋지다. 행운 가득한 삶에 감사한다.'

기분 좋은 에너지가 몰려오고 몸에 힘이 솟는 것이 느껴질 것이다. 내가 원한다면 축복 가득한 운은 반드시 나에게 온다. 오늘 하루도 힘차게 나의 운을 저축하며 멋지게 살아보자.

나는 내 생각보다
훨씬 위대한 사람이다

나는 당신이 자랑스럽습니다. 당신이 한 일, 그리고 이루어 내어야 할 꿈, 그리고 결실을 거둘 그날을 생각하십시오. 당신은 자신이 생각하는 것보다 훨씬 소중한 사람입니다.

프랑스 소설가 구스타브 플로베르의 말이다. 이처럼 자신이 소중하고 위대한 사람이라는 사실을 증명해 보인 사람이 있다. 《오체불만족》을 펴낸 오토다케 히로타다이다.

그는 팔다리 없이 태어났다. 와세다 대학에 다니던 1998년에 장애인의 삶을 담은 수필집을 펴냈다. 이 책은 '장애는 불편한 것이지만 불행한 것은 아니다'는 긍정의 메시지가 담겨 있어 전 세계에서 베스트셀러가 됐다. 그는 휠체어를 타고 턱과 어깨 사이에 분필을 끼워 칠판에 글씨를 쓰며 아이들을 가르쳤다. 2013년에는 도쿄 도 교육위원회의 최연소 교육위원이 되었다. 그는 자신의 재능을 최대한 발휘하여 모든 사람에게 '나도 할 수 있다'는 희망을 주었다.

주위를 둘러보면 아직 사용되지 않았거나 조금만 더 관심을 기울이면 보석처럼 빛을 발할 수도 있는 재능이 잠자고 있는 것을 종종 본다. 그들은 자신이 '생각 이상의 존재'라는 사실을 깨닫지 못하고 있는 것이다.

앤드류 매튜스는 '시련이 사람을 만든다. 우리는 교훈을 배우기 위해 세상에 왔으며, 세상은 우리의 스승이다'라고 말했다. 모든 사람들에게 잠재력이 있지만 그것을 어떻게 계발하고 활용하느냐가 관건이다. 남들보다 더 유리한 상황에서 출발하는 사람도 있고 낭떠러지 같은 극한 상황에서 출발하는 사람도 있다.

그러나 중요한 것은, 출발선은 다르나 결승점은 같다는 사실이다. 어떤 장애물이 있다 해도 포기하지 않고 극복한다면 반드시 결승점에 도달할 수 있다. 잠재력은 인내심을 가지고 계발할 때 빛을 발휘한다.

그 힘은 자신에게 꼭 필요한 사람들을 끌어당기기도 하고 기회를 만들어 내기도 한다. 이미 성공한 사람들은 역경에 굴복하지 않고 잠재력을 계발하고 활용했던 사람들이다.

보석처럼 빛나는 재능을 발휘하려면 자신이 잘할 수 있는 것에 집중하면 된다. 잘할 수 있는 일에 집중하여 성공한 박경림. 그녀는 '네모 공주', '연예계 마당발'로 유명하다. 그녀는 은평구 판자촌에서 어린 시절을 보냈다. 그런 그녀가 대한민국 대표 MC로 성공한 이유는 자신의 재능을 잘 살렸기 때문이다.

자신이 하는 일을 재미없어 하는 사람치고 성공하는 사람 못 봤다.

박경림은 고등학교 시절, 용평으로 가는 관광버스 안에서 사회를 보게 되었다. 그때 마침 뒷좌석에 있던 한 PD의 눈에 띄어 방송에 출연하게 되었다. 그녀는 어릴 때부터 말 잘하기로 소문났을 뿐 아니라 초등학교 때부터 반에서 오락 시간마다 사회를 도맡다시피 했다. 그녀는 자신의 적성을 살려 진로를 '말하는 직업'으로 설정했다. 그 후 말하기와 관련된 직업을 연구하게 되었고, 결국 그 자리에 설 수 있게 되었다.

"이 분야에서는 내가 제일이다."

"나는 이 일을 할 때 가장 행복하고 즐겁다."

이런 자신감이 들게 하는 일을 할 때, 끈기를 발휘하게 되고 성취감을 느낀다. 그런 일을 할 때 몰입하게 되고 열정을 쏟게 된다. 그리고 그 분야에서 전문가가 되어 위대한 성과물들을 창조해 낸다. 그러므로 자신만의 강점을 찾아보자. 미국의 철학자이자 시인인 에머슨은 다른 사람의 눈에는 보잘 것 없어 보이더라도 누구나 그 사람이 아니면 불가능한 뭔가를 한 가지씩은 타고났다고 말했다. 힘들고 실패한 경험이 있더라도 강점을 이용하여 그것들을 뚫고 나온 자신만의 이야기들을 찾아보자.

이 세상에 자신의 존재를 대신할 수 있는 것은 아무것도 없다. 하지만 힘들 때는 자신의 존재가 한없이 초라해 보인다. 그럴 때는 빅터 프랭클을 보며 인간의 위대함을 생각해 보자.

빅터 프랭클은 히틀러 치하 시절, 아우슈비츠 수용소를 비롯한 강제수용소에서 3년여의 시간을 보냈다. 그는 생과 사를 넘나드는 숱한 고난을 견뎌야 했다. 가족과 동료들이 죽음에 이르는 참혹한 현실이었다. 잔인한 죽음의 강제수용소에서 생활하면서, 그는 그 자신의 벌거벗은 실존과 만난다. 《죽음의 수용소에서》라는 책에서 그는 극한 상황에 놓여 있었음에도 불구하고 자연의 아름다움에 도취된 장면을 이렇게 묘사했다.

죽도록 피곤한 몸으로 수프 그릇을 들고 막사 바닥에 앉아 있는 우리에게 동료 한 사람이 달려왔다. 그리고는 점호장으로 가서 해가 지는 멋진 풍경을 보라는 것이었다. 밖에 나가서 우리는 서쪽에 빛나고 있는 구름과 짙은 청색에서 핏빛으로 끊임없이 색과 모양이 변하는 구름으로 살아 숨 쉬는 하늘을 바라보았다. 진흙 바닥에 패인 웅덩이에 비친 하늘의 빛나는 풍경이 잿빛으로 지어진 우리의 초라한 임시 막사와 날카로운 대조를 이루고 있었다. 감동으로 인해 잠시 침묵이 흐른 뒤, 누군가가 이렇게 말했다.

"세상이 이렇게 아름다울 수도 있다니!"

내담자 K는 누가 봐도 현재 성공한 사람이다. 아름다운 부인과 1남 1녀의 자녀를 두고 있으며 경제적으로 남부러울 게 없는 사람이다. 그러나 그는 말 못 할 고민이 있었다.

어릴 때 외할아버지로부터 학대 받은 기억이 있습니다. 부모님이 이혼하셔서 외할아버지, 외할머니와 함께 살았는데 외할아버지는 나를 키우는 것을 탐탁하게 여기지 않으셨어요. 성적이 잘 나오면 겨우 칭찬을 받았고, 대부분의 기억은 손에 닥치는 대로 물건을 들어 저를 때리신 것이었습니다. 엄마는 이혼 후에 자살하셨고, 외할아버지는 제 외모가 아버지를 너무 닮았다고 하시면서 술에 취하면 저를 보며 제 아버지가 생각난다고 말씀하시곤 했어요. 외할아버지가 돌아가신 지 오래되었지만, 저는 아직도 외할아버지가 원망스럽고 제가 학대 받은 게 억울하다는 생각이 불쑥불쑥 듭니다. 그래서 너무 힘듭니다.

그와 내면아이 치유를 하면서 외할아버지에 대한 기억을 다루었다. 외할아버지는 K 내담자의 아버지를 극도로 미워했고, 결국엔 하나밖에 없는 딸을 사위 때문에 잃었다고 생각하여 손주인 K를 미워했던 것이다. 외할아버지는 사위에 대한 적개심을 손자에게 투사하였고, 이제 그는 세상을 떠났지만 그 손자는 30년간 그에게 받은 상처에서 헤어 나오지 못하고 있었다.

K 내담자의 마음을 들여다보니, 그는 이미 10년 전에 돌아가신 외할아버지를 여전히 미워하고 있었다. 하지만 분하고 억울해도 이제 K는 자신을 위해 과거를 떠나보내야 한다. 외할아버지를 위해서가 아니라 자신을 위해 과거를 내려놓아야 하는 것이다. 자기 마음의 억울함을 풀어줄 진정한 사람은 자신뿐이기 때문이다.

인간은 어떤 상황 속에서도 자신의 길을 선택할 수 있는 위대한 존재이다. 죽을 만큼 힘들어도 시간이 지나가면 상처는 아물게 되어 있다. 인간은 이런 상처들조차 삶의 귀중한 자산으로 만들 수 있는 위대한 존재이다.

자신을 위대한 사람으로 여기는 것은 자만이 아니다. 자신을 가치 있고 소중하게 보는 사람은 남도 그렇게 대한다. 반면 자신의 가치를 초라하게 보는 사람은 남보다 부족하고 열등한 게 무엇인지부터 생각한다. 남과 비교하면 한없이 작아지는 자신을 보게 된다. 지금 당신이 그렇다면 남들과 비교의 메뉴를 먹는 습관부터 멈추어야 한다.

내면아이 치유 상담을 하다 보면 다양한 문제와 접하게 된다. 어떤 이는 외모 콤플렉스로 불만이 가득하고, 어떤 사람은 부모나 애인, 직장 상사 등 남으로 인해 힘든 삶을 살아가고 있으며, 또 어떤 사람은 앞으로 어떤 삶을 살아야 할지 불안해 한다.

"내가 너무 형편없어요. 잘하는 것도 하나도 없고, 재산이 많은 것도 아니고, 되는 일은 왜 이리 없는지……."

그들은 큰 한숨을 쉬며 자신의 마음을 토로한다. 그들은 주로 이런 생각들로 힘들어 한다.

'나보다 더 안 좋은 환경에서 태어난 사람은 없을 거야.'

'부자 부모를 만나야 행복하게 살 수 있어.'

'남들은 다 자신감 있게 잘 사는데, 왜 나만 이렇게 초라하지?'

문제에만 집중하다 보니 '나는 문제가 많은 사람'이라는 부정적 확신이 생긴다. 그래서 단점을 더욱 감추게 되고 자신의 초라함은 상한가를 찍는다.

이 생각들은 모두 비교를 통해 내가 만들어 낸 것들이다. 내면아이 치유란 힘들었던 과거에 얽매이는 것이 아니라, 힘들었던 과거를 수용하고 그것을 극복한 자신을 위대하게 보는 관점을 키워주는 것이다. 그래서 내면아이 치유를 하고 나면, 비로소 나의 소중하고 위대한 가치를 알게 된다. 즉 나는 '못난 사람'이라는 생각에서 '위대한 사람'이라는 쪽으로 생각의 전환이 이루어진다.

"나는 대리석 안에 있는 천사를 보고, 천사가 자유로워질 때까지 조각해 나갔다."

르네상스 시대의 유명한 조각가이며 화가, 건축가, 시인이었던 미켈란젤로가 자기가 조각할 대리석을 보면서 남긴 말이다. 그는 투박한 돌덩이를 보며, 자기 안에 천사가 있다고 믿으며 열심히 조각해 나갔다. 위대한 예술가는 자신을 위대한 사람이라고 생각했기에 역사에 길이 남을 걸작품의 창조가 가능했다.

나라고 위대한 사람이 못 될 이유가 없다. 힘이 들면 자신을 남과 비교하지 말고 성공한 자들의 역경 스토리를 찬찬히 읽어보라. 우리보다 불우한 상황에 놓였음에도 불구하고 꿈을 이룬 사람들이 부지기수라는 것을 알게 될 것이다. 그리고 잊지 말라. 나라는 한 사람은 세상 그 누구보다 위대한 존재라는 것을.

두려움을 버리고
큰 자존감을 가져라

이제 막 군대에서 제대한 20대 청년이 고민이 있다며 한 통의 메일을 보내왔다.

저는 어린 시절의 기억을 더듬어 보면 마음이 너무 아픕니다. 학교 다닐 때, 늘 같은 옷을 제대로 빨지 않은 채 입고 다녀서 친구들로부터 놀림을 자주 받았고요. 갖고 싶은 장난감도 한 번도 가진 적이 없어요. 어떤 날은 장난감이 하도 갖고 싶어서 친구 걸 훔치기도 했어요.

아버지는 알코올과 도박 중독으로 하루도 빠지지 않고 술을 마셨고, 엄마가 말리는 날에는 집에 큰 싸움이 벌어졌어요. 어떤 날은 칼부림이 나기도 했고요. 엄마가 저를 안고 신발도 신지 않고 도망친 날도 있었죠. 계속되는 아빠의 폭력을 무기력하게 참고 지냈어요. 엄마는 내가 사는 건 다 너희들 때문이라며 자주 흐느껴 울었는데, 그때마다 저는 죄책감이 들고 마음이 너무 아팠어요. 어릴 때의 그런 경험 때문인지 저는 매사에 자신감이 없습니다. 지금 막 연애를 시작했는데, 사랑한다는 말을 한 번도 못했어요. 정말 이 사람을 사랑하는 건지 의심도 들고요. 어떻게 하면 제가 자신감을 가질 수 있을까요?

이 글을 보낸 청년은 어린 시절의 상처로 인해 두려움이 크고 자존감이 낮아 힘들어 했다. 갖고 싶은 것이 많았지만 한 번도 충분히 가져보지 못한 결핍감도 컸다. 그리고 부모님의 잦은 싸움에 대한 상처, 그로 인한 부정적인 정서적 경험이 무의식적으로 '나는 사랑받을 만한 가치가 없다'는 생각을 갖게 했다.

그의 메일을 보니, 나의 어린 시절이 불현듯 떠올랐다. 초등학교 1학년 때였다. 노랑머리에 눈이 큰 바비 인형을 갖고 싶었는데, 부모님이 사주지 않아 문방구에서 훔쳤다가 주인 아주머니에게 걸리고 말았다. 다행히 아주머니는 우리 집 사정을 잘 아는 분이라 "아무에게도 말하지 않겠다. 하지만 이런 일은 두 번 다시 없어야 해"라며 조심스레 타이르고 돌려보냈다. 그때 문방구 집 아주머니 말이 계속 기억나 수치스러움에 못 이겨 집까지 엉엉 울면서 쉬지 않고 달려갔던 기억이 있다.

어린 시절 받았던 나의 상처들 역시 대부분 엄마 아빠가 서로 싸우셨던 것에서 비롯되었다. 나는 당시 어려서 힘이 없었고, 두 분을 말려 봤자 소용이 없었다. 부모님을 보면서 내 머릿속에는 '부부는 저렇게 싸우나 보다'라는 생각이 자리 잡았고, 그런 생각은 '내가 사랑받을 만한 가치 있는 존재'라는 생각이 자리 잡기 힘들게 만들었다. 부모님은 항상 거의 똑같은 주제로 상대를 이렇게 비난하고 경멸했다.

"네가 나한테 이러는 건 나를 발톱에 낀 때만큼도 생각 안 하기 때문이야."

"너 때문에 내 인생 다 망쳤다."

물론 나에게도 달콤하고 평화로운 나날은 많았다. 하지만 힘들었던 기억 때문인지 행복하고 좋은 기억들은 생각이 나지 않았다. 긍정적인 추억들은 나의 의식 깊이 잠재되어 있다가 내면아이 치유를 여러 번 반복하고 나서야 기억의 수면 위로 떠올랐다. 행복한 기억 중에는 아버지가 가구점을 하실 때 매상이 많이 오른 날, 두 손에 치킨을 사들고 오시거나 동네 사람들과 함께 고기를 구워 먹었던 일이 생각났다. 그날 우리 집엔 잔칫날처럼 웃음이 가득했다.

아버지는 제대로 못 배운 것을 평생 한으로 여기셨다. 그래서 나에게 희망을 걸고 본인의 꿈을 포기하면서까지 최선을 다해 지원해 주셨다. 엄마는 검소하고 성격이 낙천적이셨다. 친딸이 아닌 나를 키우며 치매에 걸린 시어머니를 수년간 모셔야 하는 고단한 삶을 살면서도 웬만한 사람에게서는 볼 수 없는 인내를 보여주셨다. 만약 그동안 내게 내면아이 치유의 시간들이 없었다면, 이 보석 같은 긍정적인 기억들은 내 잠재의식 속에 영영 묻혀 버렸을지 모른다.

《내 안의 어린아이》의 저자 에리카 J. 초피크와 마거릿 폴은 이렇게 말한다.

부모가 자신을 사랑하지 않는 것이 자기 책임과는 무관하다는 것을 모르기 때문에, 아이들은 자연스럽게 자기에게 뭔가 문제가 있어서 사랑 받지 못한다고 결론을 내린다. 이런 아이들은 아주 어려서부터 수치심에 기반을 둔 자아 신념을 흡수하여 자기는 나쁘고, 못됐고, 가치 없고, 사랑 받을 자격이 없고, 보잘것없고, 부족하다고 믿어버린다. 이로써 내면의 분리가 일어날 무대가 마련되는 셈이다.

우리가 어린아이로 되돌아갈 수는 없지만, 내 안에 있는 어린 시절의 상처를 보듬으면 남의 상처도 안을 수 있는 여유가 생긴다. 결국 힘은 내 안에 있다.

나는 그동안 있는 그대로의 나를 사랑하지 못했다. 그러나 치유를 통해 나를 사랑하는 것이 얼마나 중요하고 필요한지 알게 되면서 상처투성이였던 나의 마음에도 평화가 찾아왔다.

내면아이 치유 상담을 하면서 크게 깨달은 사실은, 이 세상에 상처 없는 사람은 없다는 것이었다. 누구나 자신의 상처가 가장 크고 깊다고 생각한다. 하지만 그 상처 때문에 내가 아팠듯이 누군가 비슷한 상처로 괴로워했다는 사실을 안다면 나의 상처는 작아지고 따뜻한 위로가 된다.

어린 시절의 상처를 딛고 현실적으로 많은 것을 이룬 자기 자신에게 자부심을 갖길 바란다. 자존감을 높이기 위해서는 자신의 가치를 스스로 높게 생각하는 것이 가장 중요하다. 우리는 남을 배려하고 돌아보면서, 정작 자신을 배려하거나 보살피는 일에는 인색하다.

과거는 과거일 뿐이다. 버릴 것은 버리고 고칠 것은 고치면 된다. 성장에 방해가 되는 것들은 과감히 잘라내 버리면 된다. 상처로 인한 두려움을 내려놓기 위한 첫걸음은 자존감을 높이는 일이다.

영국의 철학자이자 경제학자인 존 슈트어트 밀은 말했다.

"믿음을 지닌 한 사람은 관심만 지닌 99명의 가치가 있다."

자신에 대한 믿음은, 어떤 상황에서도 흔들리지 않는 방패막이가 된다. 극심한 가난 속에서도 꿈을 잃지 않았던 월트 디즈니처럼.

미국 시카고에서 태어난 그는 미술을 공부하기 전까지 시골의 농장에서 자랐다. 그는 어릴 때부터 매일 신문에 난 만화를 보면서 만화가의 꿈을 꾸었다.

"난 반드시 만화가로 성공하고 말 거야."

그는 비료를 쌓아 두는 창고에서 잠을 잘 때가 많았는데, 그곳에는 많은 쥐들이 들락날락거렸다. 어느 날, 그는 쥐들을 보고 친구로 여기며 대화를 하다가 생쥐들을 만화로 그리기 시작했다. 어느새 그가 그린 생쥐 그림은 수천 장이 되었다. 그는 생쥐 만화를 '미키 마우스'라고 이름 지었다. 그렇게 해서 탄생한 캐릭터가 바로 '미키 마우스'이다. 월트 디즈니의 자존감은 가난이라는 절박한 상황을 이겨낸 버팀목이었다. 자존감은 이처럼 가난도 극복하고 자신의 재능을 꽃피우게 한다.

두려움을 극복하고 멋진 인생을 개척한 또 한 소년이 있다. 그의 이름은 바로 '개러스 게이츠'이다. 2002년, 영국의 한 방송국에서 가수 선발을 위한 공개 오디션이 열렸다. 그러자 전국에서 수많은 가수 지망생들이 몰려들었다. 그들 가운데 심하게 말을 더듬는 한 소년이 끼어 있었다.

"저… 저는 가… 가수를… 꿈… 꾸는 개… 러스… 게… 이츠라고 하… 합니다."

소년이 오디션에서 자신을 소개하는 데만 무려 10분 가량이 흘렀다. 심사위원들은 짜증스런 표정을 지으며 소년을 바라보고 있었다.

그러나 소년이 노래를 부르기 시작하자, 모두가 감탄을 금치 못했다. 그가 바로 언어 장애를 극복하고 가수가 된 영국 출신 가수 개러스 게이츠다. 개러스 게이츠는 말을 더듬어 친구들에게 따돌림을 많이 당했고, 그로 인한 상처를 가지고 있었다. 하지만 그는 그런 장애를 있는 그대로 받아들이고, 자신과 세상을 원망하지 않았다. 오히려 자신에게 가수로서의 소질이 있음을 발견하고 성공을 거두게 되었다.

자신을 있는 그대로 받아들이고 그런 자신을 사랑하는 것이 자존감을 높이는 길이다. 나는 몇 년 전 수강한 교육 프로그램에서 이것을 배웠다.

"나는 내가 좋다! 나는 내가 참 좋다. 나는 아무 조건 없이 내가 좋다!"

자신이 좋다고 이렇게 크게 외치는 것이다. 자신이 좋다고 말하고 나면 신기하게도 자신감이 생기고, 자존감이 높아짐을 느낀다. 거울에 비친 내 모습을 보며 오늘부터 스스로에게 말해보자. 나의 선택에 따라 하루의 운명이 결정된다. 작은 하루하루가 모여 나의 전체 인생이 된다. 매일 조금씩 나를 사랑하고 성공한 경험들이 모여 큰 자존감을 만든다. 이제 두려움을 내려놓고 자신을 있는 그대로 사랑하는 것을 선택하자. 나의 자존감을 높일지 낮출지는 전적으로 우리 자신에게 달려 있다.

하루 10분
마음 주인 되기

　알람 소리에 겨우 잠에서 깬다. 전날 있었던 회식으로 인해 숙취와 피로가 한꺼번에 몰려오고 몸은 천근만근이다. 하루 쉬고 싶은 마음이 간절하지만, 밀린 일과 오늘 해야 될 일들이 떠오른다. 늦게 일어나서 급하게 출근을 서두르는데 엄마가 말씀하신다.

　"넌 나이가 몇 살인데, 만날 이렇게 서두르니? 좀 일찍 준비 할 수 없니?"

　오늘따라 이런 말을 하는 엄마가 야속해서 참지 못하고 한마디 한다.

　"엄마, 이제 나 좀 그만 내버려 두시면 안돼요? 자꾸 이렇게 부딪치면 따로 나가서 사는 게 낫겠네요."

　회식과 야근으로 정신없이 바쁘게 살다보니 가족들과 함께 이야기하고 웃는 시간이 턱없이 부족하다. 미안한 마음은 크지만, 대화만 시작하면 마음에 없는 말들이 오간다. 편치 않은 기분으로 출근했는데, 내가 공들여 생각한 아이디어를 다른 동료가 프레젠테이션으로 만들어 자신이 만든 것처럼 발표한다. 분노와 배신감에 사표를 던질 생각을 한다.

오늘 하루가 엉망이었다며, 후배가 하소연한 한 얘기다. 이것이 비단 이 후배만의 특별한 이야기는 아닌 것 같다. 우리의 일상은 외부 환경에 의해 많이 좌우된다. 갑자기 내리는 소나기처럼 마음은 예측할 수 없고, 일상 가운데에서 내 기분은 맑았다 흐렸다를 반복한다. 지금 당신의 마음 날씨는 어떠한가?

요즘 인터넷과 방송에서 '번아웃 증후군'이라는 말이 회자되고 있다. 이것은 한 가지 일에 몰두하던 사람이 극도의 신체적, 정신적 피로감으로 인해 무기력증, 자기혐오, 직무 거부 등에 빠지는 증상을 말한다. 일과 삶에 보람을 느끼고 의욕에 넘쳐 신나게 일하던 사람이 갑자기 보람을 잃고 슬럼프에 빠지게 되는 현상이다. 몸의 건강뿐만 아니라 마음의 건강이 좋지 않다는 적신호라 할 수 있다. 몸의 이상 신호에 둔감하다가 갑자기 암에 걸리는 것처럼 마음의 신호에 둔감하면 우울감과 불면증 등으로 몸과 마음이 괴로워진다.

집단 상담을 하게 된 가정 폭력 가해자 그룹 중에 63세 어르신이 계셨다. 그분은 아내를 때려서 오셨는데, 우울증과 불면증을 심하게 앓고 있었다. 상담해 보니, 5년 전부터 마음이 힘들고 괴로웠다고 한다.

5년 전에 중국에서 무역업을 했습니다. 그땐 사업이 꽤 잘나갔습니다. 부모에게 의지하지 않고 오로지 제 혼자 일궈낸 사업이라 스스로 뿌듯했고 남부러울 게 없었죠. 그런데 저와 동업하던 초등학교 동창 놈이 저한테 사기를 쳤습니다. 저는 그때 모든 걸 잃었습니다. 나 자신이 참 한심했습니다. 경제적으로 바닥이 난 것도 고통이었지만, 더 힘든 건 배신감이었습니다. 그 놈을 어떻게든 죽이고 싶었습니다. 지금도 그 생각만 하면 자다가도 벌떡 일어나요. 어떻게 저한테 그럴 수 있는지……. 죽일 놈이죠.

안타깝게도 절친한 친구에게 배신을 당한 것이다. 누구라도 이런 일을 당하면 용서하기 힘들 것이다. 그는 그 친구가 생각날 때마다 통제할 수 없는 분노로 마음이 괴로웠다. 정신과에서 상담도 받았지만 분노는 쉽게 사라지지 않았다. 부정적인 생각에 빠져 있을 때, 가족 중 누군가가 자신의 비위를 조금이라도 건드리는 날엔 그 사람에게 모든 분노를 한꺼번에 쏟아 부었다.

"선생님은 사기를 몇 번 당하셨나요?"

"그야 그때 한 번이죠."

"제가 보기엔 한 번이 아니라 수만 번도 더 될 것 같네요. 사기 당한 일을 반복해서 계속 떠올리니 마음이 무척 힘드셨겠어요."

그가 친구에게 사기를 당한 건 단 한 번이었지만 5년간 하루에도 몇 번씩 그 일을 생각했으니 어마어마하게 많이 사기를 당한 셈이다. 만일 내가 이런 경우라면, 내 마음의 주인은 누구인가? 나인가, 사기를 저지른 그 친구인가?

만약 나를 배신한 그 가해자가 나에게 분노감을 만들어 내고, 내가 거기에 이끌려서 반응한다면 나의 생각과 감정의 주인은 내가 아니라 그 가해자다. 나도 모르는 사이에 마음 주인의 자리를 그에게 내어 준 것이다. 내가 마음의 주인이라는 것은 생각과 감정을 내가 만들어 낸다는 뜻이다.

마음이 바뀌면 내가 경험하는 세상이 달라지는 것처럼, 내가 지금 어떤 생각을 하느냐가 가장 중요하다. 늘 부정적인 생각에 사로잡혀 있는 사람을 살펴보라. 그 사람은 과거나 현재의 문제점들에 대해 비판하며, 싫어하는 사람의 단점들을 샅샅이 찾아낸다. 안타까운 사실은, 부정적인 생각을 많이 할수록 그의 삶에 부정적인 일들이 점점 더 많이 일어난다는 사실이다. 따라서 같은 상황이라도 내가 어떤 생각을 하느냐에 따라 전혀 다른 결과를 경험하게 될 것이다.

가난한 집안에서 태어난 형제가 있었다. 두 사람은 같은 환경에서 성장했지만, 다른 삶을 살았다. 형은 가난하고 못 배운 반면, 동생은 억만장자의 사업가가 되었다. 이들의 사정을 들은 기자가 '같은 환경에서 어떻게 다른 인물이 되었는가'라는 주제로 연구를 하게 되었다. 알고 보니 형제가 자란 집에는 조그만 액자가 걸려 있었는데, 형제는 어릴 때부터 그 액자 속에 적힌 글을 보며 자랐다. 액자 속에는 'Dream is nowhere(꿈은 어디에도 없다)'라고 적혀 있었다.

형은 그 문구를 볼 때마다 자신에게는 어떤 희망도 없다고 생각했다. 반면 동생은 그 문장을 'Dream is now here(꿈은 바로 지금 여기에 있다)'로 읽으면서, 지금은 비록 가난하지만 치열하게 노력하면 성공할 수 있다는 생각을 했고, 생각한 그대로 성공한 삶을 살 수 있었다. 결국 어떤 생각과 감정을 느끼며 살아가느냐에 따라 원하는 삶 또는 원하지 않는 삶을 살게 되는 것이다. 겟머니 인코퍼레이션의 CEO 콜리 크러쳐는 《일렉트릭 리빙》에서 이렇게 말하고 있다.

> 사람들은 왜 자신이 원하지 않는 결과가 인생 모니터에 불쑥불쑥 튀어나오는지 이해하지 못합니다. 여기서 분명히 알아야 할 점은, 당신의 생각과 감정이 컴퓨터 키보드에서 '키를 누르는 행동'이라는 것입니다. 당신의 생각과 감정이 당신의 인생 모니터에서 어떤 내용이 나올지를 결정합니다.

우리 모두는 하루 24시간을 사용한다. 하지만 똑같은 1분이라도 빨리 지나갔으면 하는 순간은 왜 그렇게 천천히 흐르는 것인지, 붙잡고 싶은 순간은 왜 그렇게 빨리 지나가는 것인지, 그것이 시간에 관한 최고의 수수께끼다. 하루 동안 내가 하는 생각과 감정들을 살펴보자. 떠오르는 생각과 감정에 저절로 맡기게 되면 즐겁고 행복한 생각과 감정보다는 괴롭고 힘든 생각과 감정을 떠올리게 된다. 그 결과, 우울감과 불안감에 시달리게 된다. 여기서 우리가 기억해야 되는 중요한 사실은, 이런 생각과 감정을 바로 내가 창조한다는 것이다. 그렇다면 하루 중 단 10분만이라도 생각과 감정의 주인이 되려면 어떻게 해야 될까?

나에게 하루 10분은 온전히 마음 주인이 되는 시간이다. 이것은 내가 거의 매일 하루도 빠지지 않고 반복하는 습관이다. 10분이면 평균적으로 음악을 세 곡 들을 수 있고, 양치질을 세 번 정도 할 수 있는 시간이다. 그냥 허비할 수도 있고 몰입해서 유용하게 활용하기에도 충분한 시간이다.

나는 마음 주인 10분의 시간을 주로 새벽 5시에 사용하는데, 하루 중 언제로 할지는 스스로 결정하면 된다. 다만 하루 10분의 실천이 마음 주인이 되는 가치 있는 시간임을 기억해야 한다.

10분 마음 주인 시간의 과정은 '감사 일기, 긍정적 자기 암시, 이미 이룬 것처럼 상상하기'의 3단계로 이루어진다. 각 과정은 약 3분 정도 소요된다. 감사 일기는 제3장에서 다룬 '지금 감사 렌즈로 초점을 바꾸라'의 내용을 참고로 해서 적용하면 된다. 이 시간은 일상에서 일어나는 사소한 일들에 대해 감사함을 적는 시간이다. 감사는 강력한 감정으로 내 감정들이 부정적인 감정으로 치우치지 않도록 바로 잡는 열쇠이다.

긍정적 자기 암시의 방법은 '나는'으로 시작해서 현재형 '한다'로 자신이 이루고자 하는 소망을 작성하는 것이다. 예를 들면, '나는 세계 최고의 내면아이 치유 메신저이다' 라고 하는 식이다. 다음 단계는, 암시 내용을 이미 이루어진 것처럼 상상해 보는 것이다. 내면아이 치유 메신저로서 상담하고 강연하는 내 모습을 상상하는 것이다. 상상력은 잠재력을 깨우는 최고의 도구다. 이때 상상하면서 내 기분이 좋아진다면, 내가 원하는 바를 제대로 상상하고 있다는 증거이다.

중요한 것은, 이것이 작심삼일로 끝나도 괜찮다는 점이다. 시작조차 하지 않는 것보다 쿨하게 인정하고 다시 시작하면 된다. 하루 10분씩 1년을 모으면 7.6일이고, 80년이면 608일이 되는 어마어마한 시간이다.

어떤 사람도 내 인생을 대신 살아줄 수 없다. 내 마음의 주인은 나다. 내가 주체인 삶이 되기 위해서 생각과 감정에 끌려가는 인생이 되어서는 안 된다. 내가 생각하는 정답에 마음을 끼우는 삶이 아니라, 마음과 소통하며 주인이 되는 길을 스스로 찾아야 한다. 한 번뿐인 삶, 매일을 긍정적인 감정과 생각으로 주도한다면 얼마나 신나는 일인가. 단, 하루 10분이라도 마음 주인이 되는 것에 목표를 세우고, 치열하게 실천하여 생각과 감정을 긍정적으로 창조하라. 당신에게는 이미 성취할 능력이 내재되어 있다.

숯이 아닌,
다이아몬드 같은 인생을 살라

12주년 결혼 기념일이다. 12년이라는 세월 동안 기쁨만 있었던 것은 아니었다. 여느 부부처럼 작은 일에 다투기도 하고 눈물 흘리고 원망했던 나날들도 있었다. 그 모든 시간들이 잊혀져 있다가 1년에 적어도 하루는 잠재의식 속에 묻혀 있던 옛날 추억들이 기억난다. 그날이 바로 12주년 결혼 기념일이었다. 내 손에 끼워진 다이아몬드 반지를 보며 남편은 이렇게 말했다.

"종로에 반지 사러 갔을 때가 생각나네. 그때 당신 참 예뻤는데……. 그 반지 받고, 당신 참 아이처럼 좋아했지."

지금은 유행이 한참 지난 낡은 반지가 되었지만, 그 당시 이 반지는 신혼 부부들이 욕심내는 최고급 다이아몬드 반지였다. 나는 다른 것은 포기해도 반지 하나만큼은 누구보다 예쁜 걸로 하고 싶었다. 형편이 어려웠던 남편이었지만, 나의 욕심을 기꺼이 수용하여 선물해 준 반지였다.

부부란 수많은 인연들의 시행착오를 거쳐 단 한 사람과 인연을 맺게 된다. 최고의 것을 얻기 위해서는 수많은 것을 버리고 그 중 하나만을 얻게 되는 것이다. 1캐럿인 0.2그램의 다이아몬드를 얻기 위해서는 최고 50톤에서 최대 250톤의 광석이 필요하다. 자신이 원하는 최고의 가치를 얻기 위해서는 그만큼 많은 노력이 뒤따라야 한다.

매년 늦가을이면 나는 가족과 함께 캠프를 떠난다. 창틀에 쌓인 먼지들을 닦아내듯, 가족 캠프를 통해 한 해 동안 쌓였던 마음의 앙금들을 씻어내는 것이 목적이다. 캠프 첫 날, 가수 장사익의 노래 '아버지'가 영상과 함께 흘러나왔다. 온몸으로 노래하는 그의 노래를 듣는 순간, 마치 그가 나의 힘들었던 일들을 토닥거리는 것처럼 느껴졌다. 백일 때 헤어진 엄마를 보고 싶지만 볼 수 없는 나의 한을 그가 같이 울고 위로하는 듯 느껴졌다. 비록 잘생기고 춤 잘 추는 아이돌 가수는 아니었지만, 그날 이후로 나는 장사익의 열성 팬이 되었다.

최고의 소리꾼 장사익은 1949년 충남 홍성군의 가난한 농가에서 태어났다. 가난에서 벗어나고자 상경한 그는 25년 동안 열다섯 번이나 직장을 옮기며 소리꾼과 무관한 삶을 살았다. 카센터에서 청소일을 하던 어느 날, 43세 나이인 그는 문득 '정말로 하고 싶은 일을 딱 3년만 해보자'라는 생각에 하고 싶은 일들을 적게 된다. 그 중 맨 마지막에 쓰인 '태평소'를 선택하여 한 3년간 국악기 태평소를 죽기 살기로 불어보자고 결심한다.

그는 마흔이 훌쩍 넘어 시작한 제2의 인생에 대해 이렇게 말한다.

집을 지으려면 터를 닦고 설계를 하고 벽돌을 하나씩 쌓아가잖아요. 노래도 하루아침에 된 게 아니에요. 삶의 끈을 놓지 않고 오다 보니 된 거지. 매일 산에 올라 웅변 연습을 한 어린 시절과 농악대를 하시던 아버지로부터 음악적인 영향을 받았던 것, 열다섯 번이나 직장을 옮기며 인생의 질곡을 겪은 것들이 하나하나 벽돌이 된 거예요.

인생의 질곡들이 하나하나 벽돌이 되었다는 말에 나도 깊이 공감한다. 질곡들을 원망하며 하루하루 버겁게 살 수도 있다. 하지만 그는 자신이 좋아하는 일을 찾게 되었을 때, 다이아몬드 같은 그의 최고의 가치를 위해 노력하는 것을 멈추지 않았다.

최고의 가치를 위해 노력하는 사람은, 자신의 가치가 얼마나 큰지 스스로 알고 노력하는 사람이다. 내면아이 치유를 하면서 치아교정을 하고 있는 내담자들을 많이 만나왔다. 그들은 객관적으로 평가되는 것과 관계없이 주관적으로 외모 콤플렉스가 최소한 한 가지 이상씩 있었다. 예를 들면 코가 큰 사람은 코가 크다는 것에 콤플렉스가 있고, 얼굴이 동그란 사람은 동그란 얼굴 모양에 콤플렉스가 있다. 이런 사람들은 각자만의 콤플렉스를 해결하기 위해 성형에 손을 댄다. 공통점 하나는, 자신의 웃는 모습에 대해 불만을 갖고 좀더 예쁜 모습으로 치아가 고르게 웃으면 예뻐질 거라고 생각하고 치아 교정을 한다. 그러나 치아 교정은 만만치 않다. 교정이 끝날 때까지 수년간 음식을 먹을 때마다 불편을 겪고, 치아 교정을 하는 동안에는 교정한 게 보기가 싫어서 더 잘 웃지 않게 된다. 내면아이 치유 세션을 하면서 한 가지 더 공통점을 발견했다. 자신을 더 예쁘게 하기 위해 수고로운 선택을 했음에도 치아 교정하는 단계에서 힘든 나머지 자신에 대해 자책을 하는 점이다. 속으로는 자신과 이런 대화를 하기도 한다.

'불편해 죽겠어. 왜 이렇게 고생스러운 걸 선택해 가지고……. 얼마나 더 예뻐지려고 그랬어?'

또 다른 내가 계속 비난을 하는 것이다. 그러면 의기소침해져 그 말에 편을 들어 자기 비난에 빠진다. 자기 사랑과는 점점 더 멀어지게 된다. 스스로 얼마나 가치가 큰 사람인지 모르기 때문에 자신에 대해 비난하게 되고 자신의 가치를 높이기 위한 노력보다는 관성대로 사는 삶을 선택한다. 자신의 가치는 스스로 가치 있다고 생각하지 않는 한 남이 높여 주지 않는다.

주변에 '이 사람 참 매력 있다!'라고 평가 받는 사람을 살펴보라. 매사에 허점 없이 완벽하고 자신만의 색깔을 가지고 있지 않은 사람은 대부분 매력 없다. 자신이 가치 있는 사람이기에 엉뚱한 실수도 용납하고 때론 감정적이기도 하지만 자신 있게 위기에 지혜롭게 대처하는 사람……. 이런 사람이야말로 매력을 느끼게 하는 사람이 아닐까? 가장 중요한 점은 매력 있는 사람은 자신이 가진 매력과 가치를 소중히 여기고 가꾸기 위해 부단히 노력하는 점이다.

"최선을 다했다는 말을 함부로 쓰지 마라. 최선이란 자신의 노력이 스스로를 감동시킬 수 있을 때 비로소 쓸 수 있는 말이다."

소설가 조정래의 소설을 읽어본 사람들은 하나같이 그의 필력에 감탄사를 내뱉는다. '조정래라는 작가는 정말 글을 잘 쓰는구나!'라고 느끼게 된다. 이런 감탄사가 절로 나오는 것은 그가 글을 쓰는 일을 감옥에 비유할 정도로 장인 정신을 갖고 쓰기 때문이다.

"그동안 하루 평균 30장 가량 쉼 없이 써 왔어요. 《태백산맥》을 만년필로 썼는데 너무 무겁고 손가락이 눌려 굳은살이 박였죠. 그래서 세라믹 펜으로 바꿨어요. 다 쓴 펜을 작품마다 모아 놓고 보니 편마다 60개가 넘더군요."

그는 하루 평균 30장의 원고를 썼다. 하루 평균 30장의 원고를 쓰는 것은 뼈를 깎는 고통을 동반하는 일이란 것을 글을 쓰는 사람이라면 누구나 공감한다. 오죽했으면 그가 대하소설을 쓰는 것을 '중노동'이라고 표현했을까.

지독한 노력파인 조정래는 '그의 소설들이 하나같이 역작으로 평가 받는 것은 그가 장인 정신으로 글을 쓰기 때문'이라는 평가를 받았다.

그런 지독한 장인 정신으로 글을 쓰기 때문에 그가 신간을 펴내면 독자들은 기다렸다는 듯이 서점으로 달려가 책을 사 본다. 그가 펴낸 책들은 그냥 소설을 뛰어넘어 그의 혼이 담긴 역작이기 때문이다. 이처럼 베스트셀러는 작가의 피나는 노력에 의해 만들어진다는 것, 운이 좋아서 베스트셀러가 되는 경우는 거의 없다는 것이다. 축

적된 지식과 오랜 경험에다 피나는 노력을 보태야 한다. 하늘은 스스로 돕는 자를 돕는다고 하지 않았던가.

누구나 자신이 꿈꾸는 삶을 살 수 있다. 다만 노력이라는 대가를 충분히 지불했을 때 가능하다는 것이다. 숯과 다이아몬드는 그 원소가 똑같은 '탄소'로 구성되어 있다. 같은 탄소라도 초고온과 고압을 이겨내면 최고의 아름다움을 상징하는 다이아몬드가 되고 다른 하나는 하찮은 검은 숯이 된다는 사실을 아는가?

우리의 삶도 마찬가지다. 각자가 가지고 있는 재능으로 숯과 다이아몬드, 둘 중에 어떤 것을 창조할지는 스스로에게 달렸다.

삶은 다이아몬드를 공짜로 선물하지 않는다. 상처를 넘어서기 위해서는 용기가 필요하듯이 최고가 되는 과정은 남다른 인내와 노력이 필요하다. 숯보다 다이아몬드를 만들기 위해 고군분투해보자. 그럴 때 당신은 시간이 갈수록 기대되는 인생을 살게 될 것이다.